Análise de Risco em Gerência de Projetos

Com exemplos em @Risk

Antonio Juarez Alencar
Eber Assis Schmitz

Análise de Risco em Gerência de Projetos

Com exemplos em @Risk

3ª edição

BRASPORT

1ª edição: 2009
2ª edição: 2010
3ª edição: 2012
1ª reimpressão: 2010

Editor: Sergio Martins de Oliveira
Diretora Editorial: Rosa Maria Oliveira de Queiroz
Gerente de Produção Editorial: Marina dos Anjos Martins de Oliveira
Assitente de Produção Editorial: Mell Siciliano
Revisão: Maria Helena dos Anjos Martins de Oliveira
Editoração Eletrônica: Abreu's System Ltda.
Capa: Use Design

Dados Internacionais de Catalogação na Publicação (CIP)
(Câmara Brasileira do Livro, SP, Brasil)

Alencar, Antonio Juarez
Análise de risco em gerência de projetos : com exemplos em @Risk / Antonio Juarez Alencar, Eber Assis Schmitz. -- 3. ed. -- Rio de Janeiro : Brasport, 2012.

ISBN 978-85-7452-542-6

1. Administração de projetos 2. Risco - Administração 3. Risco - Análise 4. Risco - Controle I. Schimitz, Eber Assis. II. Título.

12-09715 CDD-658.155

Índices para catálogo sistemático:
1. Análise de risco : Administração de empresas 658.155
2. Risco : Análise : Administração de empresas 658.155

BRASPORT Livros e Multimídia Ltda.
Rua Pardal Mallet, 23 – Tijuca
20270-280 Rio de Janeiro-RJ
Tels. Fax: (21) 2568.1415/2568.1507
e-mails: brasport@brasport.com.br
vendas@brasport.com.br
editorial@brasport.com.br

site: **www.brasport.com.br**

Filial
Av. Paulista, 807 – conj. 915
01311-100 – São Paulo-SP
Tel. Fax (11): 3287.1752
e-mail: filialsp@brasport.com.br

Dentre as inúmeras decisões que tomamos no decorrer de nossas vidas poucas são aquelas cujas consequências são ao mesmo tempo importantes e duradouras.

Uma destas decisões é, certamente, a de constituir uma família. Uma outra é a de dividir com ela todas as pequenas vitórias que conquistamos ao longo do tempo.

Dedicamos este livro a nossos pais, esposas e filhos, que ao longo dos anos têm sido fonte inesgotável de suporte e carinho, celebrando conosco cada uma dessas pequenas vitórias como se derradeiras elas o fossem.

Agradecimentos

Gostaríamos de aproveitar esta oportunidade para externar nossos agradecimentos aos alunos das dezenas de cursos de análise de risco que ministramos ao longo dos últimos anos, tanto no Instituto Tércio Pacitti de Aplicações e Pesquisas Computacionais quanto no Instituto de Matemática da Universidade Federal do Rio de Janeiro, assim como em outras instituições de ensino e pesquisa e em diversas organizações.

O entusiasmo com que vocês nos questionaram sistematicamente sobre análise de risco contribuiu para aprofundar, sobremaneira, nosso entendimento das inúmeras facetas da percepção e tratamento de risco no ambiente das empresas.

Queremos também expressar os nossos agradecimentos a David Vose, autor de *Risk Analysis: A Quantitative Guide*, cujo conhecimento e entusiasmo por análise e gestão de risco nos ajudaram nos primeiros passos que demos nesta importante área de conhecimento.

Os Autores

Antonio Juarez Alencar é pesquisador do Instituto Tércio Pacitti de Aplicações e Pesquisas Computacionais da Universidade Federal do Rio de Janeiro (UFRJ). Juarez é Bacharel em Matemática e Mestre em Engenharia de Sistemas e Computação pela UFRJ. É, também, Doutor em Computação pela Oxford University, Inglaterra.

Eber Assis Schmitz é analista de sistemas do Instituto Tércio Pacitti de Aplicações e Pesquisas Computacionais e professor do Departamento de Ciência da Computação do Instituto de Matemática da Universidade Federal do Rio de Janeiro (UFRJ). É professor do Programa de Bacharelado em Ciência da Computação e do Programa de Mestrado em Informática da UFRJ, sendo as atividades deste último coordenadas tanto pelo Departamento de Ciência da Computação do Instituto de Matemática quanto pelo Instituto Tércio Pacitti de Aplicações e Pesquisas Computacionais. Eber é Bacharel em Engenharia Elétrica pela Universidade Federal do Rio Grande do Sul, Mestre em Engenharia Elétrica pela Universidade Federal do Rio de Janeiro e Doutor em Computação pelo Imperial College, London University, Inglaterra.

Ao longo desses últimos anos tanto Eber quanto Juarez têm ministrado inúmeros cursos de análise de risco em gerência de projetos para profissionais das mais diversas áreas de conhecimento, assistindo esses profissionais, assim como as empresas para as quais trabalham, no desenvolvimento de projetos de sucesso, que são executados dentro do prazo, de acordo com o orçamento e em sintonia com os requisitos que se comprometeram a satisfazer.

Nota dos Autores à Terceira Edição

Amigo Leitor,

A terceira edição deste livro vem com uma novidade. Incluímos um capítulo sobre o uso de árvores de classificação no planejamento dos projetos de TI.

Trata-se de um modelo matemático, conhecido também como árvores de decisão, que gera regras que ajudam a entender como um determinado fenômeno ocorre.

As regras lembram sentenças escritas em uma forma (bem) restrita da língua falada, podendo ser rapidamente compreendidas mesmo por aquele com pouco conhecimento de matemática e estatística.

Por exemplo, suponha que um projeto que você está gerenciando tenha que pagar uma multa se for entregue depois uma determinada data. Não seria interessante saber que cadeias de atraso nas durações das diversas atividades que compõem o projeto são mais prováveis de levar ao pagamento da multa?

De posse dessas informações você pode ficar alerta para as cadeias de atraso que favorecem o pagamento das multas, evitando-as sempre que possível.

Caso você não tenha acesso ao @Risk ou a um aplicativo de árvores de classificação, não se preocupe: no site http://equipe.nce.ufrj.br/eber/ você irá encontrar uma versão do CoRisco, uma macro do Excel desenvolvida pelos autores, que substitui o @Risk, e um demo do ISG, um aplicativo para construção de árvores de classificação.

Caso você tenha sugestões de como o livro pode ser melhorado ainda mais, por favor, não pense duas vezes em entrar em contato conosco. Boas sugestões são sempre bem-vindas.

Cordialmente,

Os Autores.

Apresentação

Dentre as disciplinas que compõem a gerência de projetos, a análise de risco é, sem dúvida, uma das mais difíceis.

Risco diz respeito a eventos cuja realização é incerta. Entretanto, enquanto o bom senso e a intuição nos levam, naturalmente, a refletir sobre eventos cuja realização é certa, refletir sobre o possível e pouco provável requer conhecimento especializado, método e disciplina.

Contudo os projetos que gerenciamos durante o desenrolar das nossas carreiras estão repletos de incertezas. São incertezas sobre o custo do projeto, sua duração, os recursos humanos necessários para realizá-lo, os recursos financeiros, o comprometimento da equipe, a manutenção das políticas organizacionais que determinaram sua realização etc.

Quando essas incertezas não são adequadamente identificadas e tratadas, os projetos sob nossa responsabilidade ficam naturalmente nas mãos do destino. Como nenhum projeto é executado exatamente como planejado....

Na história da humanidade existem inúmeros exemplos de projetos que acabaram em verdadeiros desastres devido a eventos que poderiam ter sido evitados com planos de contenção (que diminuem a probabilidade de um projeto vir a ser prejudicado por eventos) e contingência (que diminuem o impacto de eventos sobre o projeto quando sua realização se torna inevitável).

Dentre estes projetos o mais famoso é, provavelmente, o Titanic, o transatlântico que afundou em 1912, a meio caminho de Nova Iorque, nos Estados Unidos. Este exemplo, em particular, é explorado em detalhes no decorrer deste livro.

Outros exemplos de projetos deste tipo são: o lançamento da nave espacial americana Challenge, em 1986, no qual uma explosão matou os sete astronautas a bordo; a viagem de agosto de 2000 do submarino russo Kursk, na qual uma explosão seguida de incêndio matou todos os 118 tripulantes; e a construção do Edifício Palace II, no Rio de Janeiro, que desabou em 1998.

Se estes eventos lhe parecem distantes e pouco prováveis de acontecer com os projetos sob sua responsabilidade, então você está diante de um dos grandes desafios da gestão e análise de risco.

Embora a ocorrência de eventos que prejudicam o bom andamento dos projetos sob nossa responsabilidade, ou seja, a ocorrência de fatores de risco, seja comum, é a nossa percepção da importância da existência desses fatores que nos levam a atuar sobre eles, antes que o pior aconteça.

Entretanto, por motivos históricos e culturais, a avassaladora maioria dos profissionais que atuam no mercado é compelida a ignorar estes fatores, diminuindo, consideravelmente, as chances de sucesso dos projetos sob sua responsabilidade.

Ao longo deste livro você irá aprender a trabalhar a percepção de risco dos eventos que, estando associados aos projetos sob sua responsabilidade, poderão vir a prejudicá-los. Ao adquirir uma percepção mais realista desses riscos, você irá aprender a dar prioridade a estes riscos e a estabelecer planos de contenção e contingência para lidar com eles de forma adequada.

Mais importante de tudo, você irá aprender a gerenciar o processo de análise e tratamento de risco no âmbito da gerência de projetos. Um conhecimento fundamental para quem pretende se envolver com a gerência de projetos de grande complexidade.

Ao contrário de muitos livros e textos sobre análise de risco, este trabalho trata tanto os riscos qualitativos e quantitativos a que um projeto está sujeito.

Neste sentido, de forma simples e direta, abordamos, passo a passo, o uso de técnicas de construção de modelos estocásticos e de simulação de Monte Carlo. Se você não domina o uso destas técnicas, esta é sua chance de fazê-lo!

Para diminuir as chances de que algum tópico não seja completamente compreendido, acrescentamos ao final de cada capítulo um conjunto de exercícios, cujas respostas são apresentadas em seguida.

Além disso, o livro está repleto de exercícios práticos que fazem uso de uma das ferramentas mais populares de análise de risco em todo o mundo, o software @Risk da Palisade Corporation. Um *demo* deste software pode ser obtido no site da Palisade na Internet.

Para aqueles que preferirem utilizar uma ferramenta de uso gratuito, incluímos no site http://equipe.nce.ufrs.br/eber uma versão do CoRisco, um ambiente para construção de modelos de risco quantitativos, baseado no Excel da Microsoft Corporation.

Seja bem-vindo ao universo da análise de risco em gerência de projetos. Esperamos que você encontre neste livro uma viagem instrutiva e segura sobre o tema.

Antonio Juarez Alencar
Eber Assis Schmitz

Sumário

Introdução

AO FINAL DESTE TEXTO VOCÊ DEVERÁ SABER:

Por que o mundo no qual as organizações fazem negócio mudou.

Quais são as consequências destas mudanças para a gerência de projetos.

Por que os projetos estão repletos de incertezas.

Como o gerente de projeto lida com estas incertezas.

O mundo no qual as organizações fazem negócios mudou

Quem está sintonizado no que está acontecendo pelo mundo sabe que, com a exceção da existência de impostos e da imutabilidade das leis fundamentais do universo, a única coisa realmente previsível é que tudo se modifica no decorrer do tempo.

O que muitos profissionais ainda não perceberam, na sua totalidade, são as enormes consequências deste processo de mudança contínuo no ambiente de trabalho.

A necessidade de reorganização dos processos de negócio imposta pela introdução de novas tecnologias, que surgem a toda hora, faz com que sejamos, constantemente, obrigados a fazer uso de ferramentas altamente sofisticadas, cujo funcionamento compreendemos apenas parcialmente.

Quantas pessoas do nosso relacionamento dominam, com perfeição, o uso dos processadores de texto, planilhas eletrônicas, gerenciadores de banco de dados, navegadores da Internet, gerenciadores de correio eletrônico e demais programas de computadores que utilizam a toda hora? Pouquíssimas, com certeza.

Entretanto, muitas organizações, de forma cada vez mais intensa, desenvolvem processos de negócio que dependem do uso destas ferramentas, cujo funcionamento não é totalmente compreendido por seus funcionários.

As consequências desse uso atabalhoado[1] da tecnologia vão desde a perda de informações importantes para o dia a dia dos negócios ao cancelamento de ordens de compra e a solicitação de indenizações por clientes insatisfeitos.

Por outro lado, a globalização e a liberalização da economia, que propiciam frequentemente tanto o surgimento quanto o desaparecimento de novos produtos e serviços, têm acirrado cada vez mais a competição por espaço na mente do consumidor, seja ele pessoa física ou jurídica.

O número de itens disponíveis nas prateleiras dos supermercados, por exemplo, é hoje cerca de dez vezes maior do que era há cinquenta anos, chegando a mais de 45 mil nos grandes supermercados. Em 1950, apenas um canal de televisão estava disponível para os brasileiros, o da TV Tupi de São Paulo. Hoje, existem mais de 150 canais de televisão a cabo disponíveis no mercado. Em 1920, apenas um modelo de carro era fabricado em

[1]Feito às pressas, apressado.

série no Brasil, o Modelo T da Ford, mais conhecido como "Ford Bigode". Em 2012, mais de cinquenta modelos básicos são fabricados no país, cada um com dezenas de variações possíveis.

Finalmente, a disponibilidade generalizada dos meios de comunicação faz com que eventos que ocorrem em qualquer lugar do planeta sejam acompanhados simultaneamente por bilhões de pessoas ao redor do mundo, gerando mudanças de comportamento que, em outras épocas, levariam semanas ou meses para acontecer.

Em consequência, o mercado é composto, hoje em dia, por pessoas e organizações mais zelosas de seus direitos e mais bem informadas sobre os produtos e serviços a seu dispor.

Tudo isso eleva o nível de exigência do consumidor, aumentando, substancialmente, a quantidade e a complexidade dos projetos que são executados dentro das organizações.

Afinal, toda organização precisa inovar constantemente, caso contrário ela simplesmente desapareceria no decorrer do tempo, e toda atividade de inovação gera, inevitavelmente, projetos que precisam ser gerenciados.

O mundo no qual projetos são executados também mudou

Observe que, num mundo complexo como o nosso, o sucesso de muitos projetos depende da formação de alianças estratégicas, da coordenação de equipes multidisciplinares, da utilização do conhecimento técnico de consultores externos e da terceirização de serviços.

Soma-se a tudo isso o fato de que os requisitos quanto à veracidade dos orçamentos, estimativas da duração de tarefas, obediência ao fluxo de caixa e qualidade do que está sendo produzido serão cada vez mais rígidos. Na verdade, nunca existiu tão pouco espaço para erros quanto nos dias de hoje.

Se sua organização não consegue entregar o que lhe foi encomendado, no formato combinado, existem outras dez prontas para assumir o seu lugar.

A dura realidade é que o mundo no qual projetos são executados mudou. Embora a introdução de novas tecnologias, a globalização e liberalização da economia, a disponibilidade da informação e o aumento da competição possam ser bons para o consumidor final, todos estes fatores colocam os gerentes de projetos sob uma enorme pressão para a apresentação de resultados.

A interdependência entre projetos

Se você pretende se envolver com a atividade de gerência de projetos e a organização para a qual você trabalha atua em um segmento de mercado onde a concorrência é livre, então inevitavelmente você vai se deparar com três questões fundamentais, que atormentam a vida da grande maioria dos gerentes:

- Quanto o projeto vai custar?;
- Quanto tempo vai levar para o projeto terminar? e
- Qual é o fluxo de caixa associado ao projeto?

Embora simples na sua formulação, estas perguntas são fundamentais para o sucesso das organizações.

Um projeto que ultrapassa seu orçamento, não é entregue dentro do prazo ou faz uso dos recursos financeiros colocados à sua disposição fora das datas estabelecidas, coloca em perigo os processos organizacionais que dependem da sua conclusão.

Em geral, isso reflete desfavoravelmente no relacionamento com os clientes, impactando de forma negativa no faturamento geral da organização.

Tome como exemplo uma empresa que planeja o lançamento de uma linha de cosméticos à base de ervas e raízes oriundas da região amazônica. Suponha que uma das estratégias de divulgação destes novos cosméticos consista em convidar um grupo pré-selecionado de *prospects* (clientes em potencial) a fazerem uso dos produtos de sua preferência durante seis meses.

O coração operacional de uma campanha de marketing deste tipo é um sistema de informações que controle os cosméticos que estão sendo utilizados por cada cliente, assim como a data em que cada um dos períodos de experimentação termina.

Se este sistema não for entregue a tempo, se estourar o orçamento, ou se o fluxo de caixa não for seguido corretamente, então toda a estratégia de divulgação da linha de cosméticos pode ficar comprometida, criando oportunidades para que os competidores ganhem espaço no mercado.

A natureza das incertezas

Embora seja importante reconhecer que a grande maioria dos gerentes se esforce para fornecer estimativas precisas para a duração, o custo e o fluxo de caixa dos projetos sob sua responsabilidade, estas estimativas não são facilmente obtidas sem o uso do ferramental adequado.

O problema é que os elementos de que um gerente necessita para produzir uma estimativa confiável são intrinsecamente incertos e só serão totalmente conhecidos em algum ponto do futuro.

Se você está se perguntando por que estes valores são incertos ou por que eles só serão totalmente conhecidos no futuro, então é importante chamar sua atenção para o fato de que

> *projeto é todo conjunto de atividades interdependentes que, tendo sido encomendado por um cliente, vai ser executado pela primeira vez, uma única vez, com vistas a propiciar, para este cliente, algum tipo de benefício ou vantagem competitiva.*

Observe que a definição de projeto que apresentamos aqui estabelece uma clara distinção entre projetos e processos.

Enquanto as atividades associadas a um projeto, em princípio, são executadas uma única vez, as associadas a um processo se repetem ao longo do tempo. Processos possuem passado. Projetos dizem respeito ao futuro.

Tome como exemplo um projeto no qual os custos associados à comunicação (uso de telefone, fax, *pager* etc.), transporte (táxis, vans, aviões etc.), eletricidade (ar-condicionado, iluminação etc.) e itens de papelaria (papel, canetas, cartuchos para impressora etc.) têm que ser levados em consideração.

Já que estes custos mudam mês a mês, se o projeto em questão durar vários meses, o gerente responsável por sua execução terá que estimar o custo mensal associado a cada um destes itens.

Note que, a despeito da acurácia dos valores fornecidos pelo gerente, tratam-se de meras estimativas, cujo valor real, se contabilizado corretamente, só será conhecido em algum ponto futuro!

Lidando com as incertezas

Já que projetos estão repletos de incertezas, isto é, atividades futuras, cujos custos, duração e impacto sobre o fluxo de caixa não são completamente conhecidos, os gerentes de projetos deveriam estar aptos a lidarem com estas incertezas, em todas as suas dimensões. Isso, infelizmente, está longe de corresponder à realidade.

Observe que muitos dos profissionais que gerenciam projetos dentro das organizações aprenderam o ofício como consequência de um longo e caro processo de tentativas e erros.

Falta a estes profissionais o conhecimento conceitual das técnicas, dos métodos das e ferramentas que permitem a modelagem e análise de incertezas, melhor conhecidas como análise e gerência de risco.

Em consequência, a necessidade crescente por profissionais que sejam capazes de gerenciar projetos cada vez mais complexos dificilmente encontra contrapartida nos profissionais que estão disponíveis no mercado.

Se você está em dúvida se isto se aplica à sua organização, peça a um de seus gerentes de projetos para explicar o funcionamento de algum método moderno de captura e análise de requisitos que ele domine, como os riscos quantitativos e qualitativos de um projeto são analisados, como se produz um fluxo de caixa com valores incertos, ou mesmo o que é um processo de simulação estocástico. Muito provavelmente você vai ficar surpreso com as respostas!

Se você é um profissional experiente que está assumindo a função de gerente de projetos, um gerente de projetos que está assumindo a gerência de um projeto de uma complexidade maior, ou mesmo um gerente de projetos experiente que aprendeu o ofício na prática, então, muito provavelmente, você necessita de treinamento em análise de risco.

Lembre-se de que o sucesso profissional do gerente de projetos depende do sucesso dos projetos que ele gerencia e que, em geral, o gerente do projeto é responsável pela execução dos projetos cujos custos, duração e fluxo de caixa ele mesmo estima.

Por outro lado, se você é um executivo em posição de decisão e o sucesso de sua organização depende do sucesso dos projetos sob sua responsabilidade, então é aconselhável que você se certifique de que seus gerentes de projetos estão qualificados para lidar com as incertezas associadas aos projetos que eles gerenciam.

Conteúdo do livro

No decorrer deste livro apresentamos um vasto conjunto de ferramentas que permitem que o gerente de projetos produza estimativas confiáveis do custo, duração e fluxo de caixa dos projetos sob sua responsabilidade, mesmo diante de incerteza. Estas ferramentas são apresentadas com o auxílio de exemplos práticos, que podem ser utilizados de imediato no dia a dia das organizações.

O Capítulo 1 mostra o caso Titanic.

No Capítulo 2 introduzimos formalmente o conceito de gerência de risco, exploramos suas diferentes vertentes e mostramos como os riscos associados a um projeto podem ser identificados e gerenciados.

No Capítulo 3 apresentamos as ferramentas necessárias para análise de riscos qualitativos.

Nos Capítulos 4, 5, 6, 7, 8 e 9 mostramos como essas ferramentas podem ser utilizadas para estimar respectivamente o custo e a duração de um projeto.

No Capítulo 10 falamos do uso de árvores de classificação, que ajudam a entender como um fenômeno ocorre.

Finalmente, no Apêndice I, apresentamos uma forma de construção de modelos de risco de custo e de prazo utilizando a macro CoRisco e no Apêndice II mostramos como obter um *demo* do *software* @Risk e como utilizá-lo para construir modelos de risco quantitativos.

Exercícios

1. Dentre os fatores a seguir, quais colaboram para que o mundo no qual as empresas fazem negócio tenha mudado?
   a) Disponibilidade generalizada de meios de comunicação.
   b) Globalização da economia.
   c) Introdução cada vez mais frequente de novas tecnologias no mercado.
   d) Liberalização dos mais diversos setores da economia.
   e) Todas as repostas anteriores.

2. Considere as seguintes mudanças que têm ocorrido no mundo onde as organizações fazem negócio:
   ✓ Necessidade de reorganização constante dos processos de negócio.
   ✓ Acirramento da competição por espaço na mente do consumidor.
   ✓ Compartilhamento de eventos que ocorrem em qualquer lugar do planeta por bilhões de pessoas.
   ✓ Consumidores mais conscientes dos seus direitos.
   ✓ Necessidade constante de inovar.

   Que fatores causam mais diretamente cada uma destas mudanças?

3. Por que o sucesso de muitos projetos hoje em dia depende da formação de alianças estratégicas, da coordenação de equipes multidisciplinares, da utilização de conhecimento técnico de consultores externos e da terceirização de serviços?
   a) Inexistência dos recursos necessários para a execução de certos projetos dentro da organização.
   b) Custo elevado de manter os recursos necessários à execução do projeto dentro da organização.

c) Limitações na capacidade de investimento da organização

d) Todas as respostas anteriores.

4. Por que os requisitos quanto à veracidade dos orçamentos, estimativas da duração de tarefas, obediência ao fluxo de caixa e qualidade do que está sendo produzido estão cada vez mais rígidos?

5. Por que, nos dias de hoje, se sua organização não consegue entregar o que lhe foi encomendado, no formato combinado, existem outras dez prontas para assumir o seu lugar?

6. Por que todo gerente de projeto deveria saber responder as seguintes questões: quanto o projeto vai custar, quanto tempo vai levar para ficar pronto, qual o fluxo de caixa associado ao projeto?

   a) O chefe vai perguntar e os clientes solicitam que isso seja feito.

   b) Projetos que estouram o orçamento e são entregues fora do prazo colocam em risco os processos que dependem da sua conclusão de acordo com o que foi contratado.

   c) A realização do projeto não vai ser aprovada pela alta direção da organização, caso estas questões não sejam respondidas.

   d) Por exigência das normas legais que determinam como projetos devem ser gerenciados.

7. Quais das opções que se seguem melhor completa a sentença a seguir:

As estimativas de custo e duração de um projeto não são fáceis de serem estimadas porque ________________ .

   a) os cálculos são complicados.

   b) não existem técnicas, conceitos ou ferramentas que nos auxiliem a fazer estes cálculos.

   c) o gerente de projetos não sabe como fazê-los.

   d) elas envolvem estimativas sobre acontecimentos futuros e o futuro é incerto por natureza.

8. Qual a diferença entre projetos e processos?

9. Por que muitos gerentes de projetos desconhecem o uso das técnicas, métodos e ferramentas que permitem lidar com as incertezas associadas aos projetos sob sua responsabilidade?
   a) Aprenderam o ofício na prática e carecem de treinamento formal em gerência de projetos.
   b) Nunca foram informados da existência destas técnicas.
   c) Faltaram às aulas nos dias em que esse ferramental foi ensinado.
   d) Nenhum livro foi escrito sobre o assunto até os dias de hoje.
10. Por que a necessidade crescente por profissionais que sejam capazes de gerenciar projetos complexos dificilmente encontra contrapartida nos profissionais que estão disponíveis no mercado?

Respostas dos Exercícios

1. e

2.

Causa	Mudança
Introdução de novas tecnologias no ambiente de trabalho	Necessidade de reorganização constante dos processos de negócio
Globalização e a liberalização da economia	Acirramento da competição por espaço na mente do consumidor
Disponibilidade generalizada dos meios de comunicação	Compartilhamento de eventos que ocorrem em qualquer lugar do planeta por bilhões de pessoas
Disponibilidade generalizada dos meios de comunicação	Consumidores mais conscientes dos seus direitos
Aumento do nível de exigência do consumidor	Necessidade constante de inovar

3. d

4. A competição cada vez mais acirrada por espaço no mercado de bens faz com que haja cada vez menos espaço para projetos que ultrapassam seus respectivos orçamentos, não são entregues dentro do prazo ou fazem uso dos recursos financeiros colocados à sua disposição fora das datas estabelecidas. Projetos deste tipo tendem a refletir desfavoravelmente no relacionamento com os clientes, impactando de forma negativa no faturamento geral da organização.

5. Em vários segmentos de mercado, a capacidade de produção de produtos e serviços excede a demanda. Diante desta situação uma pequena falha no fornecimento dos produtos e serviços contratados pode ser suficiente para que o consumidor (pessoa física ou jurídica) troque de fornecedor.

6. b

7. d

8. Enquanto as atividades associadas a um projeto são executadas uma única vez, as associadas a um processo se repetem ao longo do tempo.

9. a

10. O gerenciamento de projetos complexos exige tanto conhecimento conceitual quanto prático das técnicas, métodos e ferramentas de gerência de projetos.

    Entretanto, muitos dos profissionais que gerenciam projetos dentro das organizações aprenderam o ofício como consequência de um longo e caro processo de tentativas e erros.

    Falta a estes profissionais um conhecimento mais abrangente dessas técnicas, métodos e ferramentas, especialmente aquelas ligadas à análise e gerência de risco.

1. O Caso Titanic

AO FINAL DESTE CAPÍTULO VOCÊ DEVERÁ SABER:

Que o navio deixou a Europa em direção aos Estados Unidos em 10 de abril de 1912.

Por que o navio trafegava em alta velocidade.

Por que o navio não possuía os equipamentos de segurança adequados.

O que aconteceu com o navio e seus passageiros.

Qual a relação de todos estes acontecimentos com análise de risco.

A saga do Titanic

Quantas vezes você já esteve errado sobre alguma coisa? Um fato ou evento que você julgava impossível simplesmente se concretizou perante seus olhos? Bom, você não está sozinho neste barco. A história da humanidade está repleta de infortúnios associados à ocorrência de eventos cuja realização se acreditava ser impossível ou, na pior das hipóteses, altamente improvável.

Tome, como exemplo, um dos mais famosos desastres navais de toda a história, o naufrágio do transatlântico TITANIC. Na manhã de 10 de abril de 1912, o TITANIC parte do porto de Southampton, no sul da Grã-Bretanha, com 1.833 pessoas a bordo, com destino à cidade de Nova York, na costa leste dos Estados Unidos.

Antes de começar a travessia do atlântico, o TITANIC faz uma escala em Cherbourg, no norte da França, onde recolhe outros 274 passageiros, e em Queenstown (hoje Cobh), no sul da Irlanda, onde recolhe mais 120 passageiros. Total de pessoas a abordo: 2.227 pessoas, entre tripulantes e passageiros.

A despeito do céu claro e do mar extremante tranquilo em que navegava, em 14 de abril, pouco antes da meia noite, o TITANIC atinge um iceberg a estibordo, próximo à proa. Às 2h e 20min do dia seguinte o TITANIC afunda, ceifando a vida de 1.522 pessoas.

O naufrágio do Titanic chocou o mundo civilizado. O transatlântico, de 46.362 toneladas, era o maior objeto móvel que o homem já havia produzido até então. Com uma extensão total de 277,7 m., equivalente a três campos de futebol, o TITANIC era considerado inaufragável pelos jornais da época.

O que aconteceu com o TITANIC? Essa é a pergunta que se recusa a calar, mesmo decorridos cem anos da data do acidente. Embora não exista uma resposta única e definitiva para a questão, existem amplas evidências de que o navio e seus passageiros foram expostos, sucessivamente, a riscos cada vez maiores, que acabaram por se concretizar em um desastre de grandes proporções.

A todo vapor rumo à Nova York

Em geral, antes que um navio de porte seja colocado em operação, ele passa por rigoroso período de testes, onde os equipamentos, os motores, a estrutura e a navegabilidade da embarcação são postos à prova.

Durante esta fase, costuma-se conceder à primeira tripulação da embarcação um período de tempo específico, para que ela se habitue à operação do navio. Não é incomum, portanto, que o período de testes de um transatlântico se estenda por várias semanas e, em muitos casos, por alguns meses.

Por mais incrível que possa parecer, o TITANIC, praticamente, saiu do estaleiro Harland & Wolff, em Belfast, na Irlanda do Norte, para sua viagem inaugural. O período de testes a que a embarcação foi submetida foi de apenas meio dia, durante o qual somente uma única vez se testou quanto tempo o navio levaria para parar completamente, uma vez que fosse colocado em velocidade de cruzeiro.

A dezoito nós, ou seja, 33.3 km/hora, o navio levou 3 min. e 15 seg. para parar, com ambos os motores em reverso, tendo percorrido uma distância total de 3.000 pés, ou 914,4 m.

No decorrer da viagem inaugural, o TITANIC manteve uma velocidade de cruzeiro de vinte nós, ou 37,12 km/hora, mesmo durante a noite. A esta velocidade, se o TITANIC tivesse que sofrer uma parada de emergência, ele teria que percorrer uma distância superior a 1km até que viesse a parar completamente!

Vale lembrar que os navios daquela época não possuíam radar, uma invenção que só se tornaria operacional 23 anos mais tarde.

Especula-se que a principal razão para que o TITANIC mantivesse uma velocidade de cruzeiro tão alta, para os padrões da época, era a tentativa de se estabelecer um novo recorde mundial para o percurso. Para a WHITE STAR LINE, empresa dona do navio, isso representava uma oportunidade única para manter o navio, que era notícia por si só, nas primeiras páginas dos principais jornais de ambos os lados do Atlântico.

Já que o radar ainda não estava disponível, os mecanismos existentes para garantir a segurança do navio e de seus passageiros eram bastante limitados. Além das luzes de navegação, que são úteis apenas durante a noite para localizar outras embarcações, e que obviamente não estão presentes em icebergs, os transatlânticos da época contavam com o olhar atento de pelo menos um marinheiro no alto do cesto da gávea[2].

Normalmente este marinheiro deveria estar equipado com binóculos de longa distância, que permitem a identificação de possíveis perigos a uma distância segura. Inexplicavelmente, na noite do acidente, tal equipamento, embora disponível no navio, não foi colocado à disposição de Fredrick Fleet e Archie Lee, os marinheiros do TITANIC que estavam de plantão.

Icebergs à frente

No dia 12 de abril, o TITANIC recebeu o primeiro aviso de que icebergs estavam presentes nas águas geladas do Atlântico Norte que se descortinavam à sua frente. Esta mensagem foi transmitida nas primeiras horas da parte da tarde pelo transatlântico francês LA TOURAINE. No dia 13, o TITANIC recebeu um outro aviso, desta vez do transatlântico britânico RAPPAHANNOCK, que navegava no sentido oposto, advertindo sobre a existência de blocos de gelo à frente.

No dia 14, o TITANIC recebeu um total de seis mensagens sobre a presença de gelo à frente. A primeira chegou às 9h do transatlântico britânico CARONIA. A segunda, transmitida pelo transatlântico holandês NOORDAM, foi recebida às 11h 40min. Às 13h 42min, foi a vez do transatlântico britânico BALTIC sinalizar a presença de gelo no mar. Às 13h 45min, o transatlântico alemão AMERIKA solicitou que o TITANIC retransmitisse uma mensagem para a Agência Hidrográfica Americana[3], em Washington, capital, dando ciência da presença de icebergs naquela rota.

O quinto aviso foi transmitido às 19h 30min pelo transatlântico britânico CALIFORNIAN, sinalizando a presença de dois icebergs a cerca de cinquenta milhas, 92km, à frente do TITANIC. A sexta e última mensagem, transmitida pelo cargueiro britânico MESABA, à 21h 40min, dava conta que blocos de gelo e

---

[2] Ponto de observação no mastro mais alto do navio.
[3] U.S. Hydrographic Office.

icebergs estavam presentes na área pela qual o Titanic acabara de passar. Apesar de todos estes avisos, o Titanic não reduziu sua velocidade, mantendo-a em 21,5 nós.

Cadê meu bote salva-vidas?

No Titanic o número de botes salva-vidas era insuficiente, uma vez que eles eram capazes de acomodar apenas 1.178 pessoas, ou seja, 53% das pessoas abordo. Soma-se a isso o fato de que nem a tripulação, nem os passageiros, praticaram, durante a viagem, procedimentos de emergência para desastres, embora isso fosse rotina na época. Muitos tripulantes e passageiros, por exemplo, não sabiam para onde deveriam se dirigir em caso de emergência, nem como deveriam se comportar.

Hoje em dia, mesmo tendo transcorrido um século após o acidente, muitos projetos ainda são conduzidos de forma semelhante ao Titanic na sua viagem inaugural, isto é, se deslocam, em alta velocidade, em direção a um campo cheio de icebergs, sem radar, nem botes salva-vidas, colocando o futuro profissional de seus gerentes, e dos demais membros da equipe, literalmente, nas mãos do destino.

Risco, impacto e probabilidade

Observe que falar sobre risco é falar sobre a identificação de fatores que podem afetar o sucesso de um projeto, da probabilidade destes fatores assumirem valores que possam prejudicar, total ou parcialmente, o projeto, e das consequências destes fatores assumirem aqueles valores em particular.

Se Edward J. Smith, capitão do Titanic, tivesse achado que naquela velocidade o navio não teria tempo de se desviar do iceberg, que o esperava a 742.4 km da província de Newfoundland, no Canadá, nas coordenadas 41° 43' Norte por 49° 56' Oeste, ele, com certeza, teria reduzido a velocidade.

Se James P. Moody, o oficial que estava de plantão no dia do acidente, soubesse que os marinheiros no cesto da gávea não tinham binóculos e que a presença deste equipamento poderia evitar a colisão, que viria a acontecer horas mais tarde, ele certamente teria enviado pelo menos um par de binóculos para Fredrick e Archie.

Seguindo a mesma linha de raciocínio, a WHITE STAR LINE, empresa dona do TITANIC, teria permitido a colocação dos botes salva-vidas adicionais que Alexander Carlisle, desenhista naval responsável pelo projeto do transatlântico, havia sugerido. Da mesma forma, o primeiro oficial Henry F. Wilde teria tomado as providências necessárias para que os passageiros e a tripulação do TITANIC recebessem o treinamento para emergência que deveriam ter recebido antes e durante a viagem.

Observe que no primeiro exemplo o fator de risco em questão é a velocidade do navio. No segundo, o fator de risco é a presença ou ausência de binóculos no cesto da gávea. No terceiro, trata-se da quantidade de botes salva-vidas. Portanto,

☞ ***Fator de risco** é qualquer evento que possa prejudicar, total ou parcialmente, as chances de sucesso do projeto, isto é, as chances do projeto realizar o que foi proposto dentro do prazo e fluxo de caixa que foram estabelecidos.*

☞ ***Risco** é a probabilidade de que um fator de risco venha a assumir um valor que possa prejudicar, total ou parcialmente, as chances de sucesso de um projeto.*

Em todos os três exemplos, as probabilidades destes fatores virem a assumir valores que poderiam prejudicar o projeto (levar os passageiros em segurança da Europa para os Estados Unidos) foram, obviamente, subestimadas. As consequências foram a perda do Titanic e da vida dos que pereceram no desastre. Observe que

☞ ***Objetivo de um projeto** é aquilo que o projeto tem que realizar dentro de um limite de tempo e fluxo de caixa predeterminados.*

Se o capitão do Titanic (gerente do projeto), com ajuda dos oficiais e marinheiros a bordo (equipe de projeto), tivesse despendido recursos e esforços para identificar antecipadamente estes fatores de risco, então ele poderia ter estabelecido cursos de ação capazes de diminuir a probabilidade de que eles viessem a assumir valores que acabassem por prejudicar o projeto (planos de contenção), aumentando, sobremaneira, as chances de sucesso.

Em adição, eles poderiam também ter desenvolvido procedimentos para minorar as consequências de um fator de risco assumir um valor que é prejudicial ao projeto (planos de contingência), o que muitas vezes se torna inevitável. Mais formalmente,

☞ ***Planos de contenção*** *são ações ou procedimentos que têm por objetivo reduzir as chances de um ou mais fatores de risco virem a assumir valores que possam prejudicar as chances de sucesso de um projeto.*

☞ ***Planos de contingência*** *são ações ou procedimento que procuram minimizar o impacto de um ou mais fatores de risco assumirem valores que possam prejudicar as chances de sucesso de um projeto.*

Isso é justamente o que é feito na atividade de análise de risco para gerência de projetos. Em outras palavras, a atividade de análise de risco procura evitar que os icebergs, ao longo do caminho, venham a colidir com os projetos sob nossa responsabilidade!

Em adição, caso isso se torne inevitável, a análise de risco procura minorar os efeitos do desastre que se tornou inevitável.

Risco e percepção de risco

É importante se ter em mente que, embora os riscos sejam eventos reais, isto é, que existem efetivamente no universo que nos cerca, a análise de risco se baseia muito mais na nossa percepção da existência destes riscos do que na sua existência em si.

Isso ocorre, principalmente, porque nossa compreensão deste universo é limitada e imperfeita. Por exemplo, os icebergs que flutuavam no caminho pelo qual o Titanic deveria passar eram reais, tanto isso é verdade que o navio acabou colidindo com um deles.

Se nossa compreensão do universo fosse perfeita, então o capitão do navio teria à sua disposição a probabilidade do Titanic colidir com um destes icebergs nas condições em que navegava, em cada instante de tempo. Assim como uma avaliação precisa das consequências de uma colisão.

Diante destas informações, a decisão racional seria, a partir de certo ponto, reduzir, em muito, a velocidade do navio. Entretanto, foi a percepção errônea do risco que esses icebergs representavam, em adição à percepção errônea do risco causado pela alta velocidade em que o navio trafegava, pelo número reduzido de botes salva-vidas e pela falta de binóculo no cesto da gávea que acabaram por causar o desastre.

O que torna a análise de risco uma atividade ímpar em sua natureza mais íntima é o fato dela estar sempre ligada à incerteza sobre a ocorrência de um ou mais eventos que podem prejudicar as chances de sucesso de um projeto.

Se tivéssemos certeza da ocorrência destes eventos, então o problema se reduziria a encontrar a melhor forma de se evitar que estes eventos viessem a ocorrer, ou, alternativamente, se sua ocorrência fosse inevitável, minorar seus efeitos sobre o projeto.

Exercícios

1. Por que o naufrágio do Titanic chocou o mundo?
   a) O navio era considerado inaufragável.
   b) O Titanic era o maior objeto móvel que o homem já havia produzido.
   c) Mais de 1.500 pessoas perderam a vida no naufrágio.
   d) Todas as razões acima.
2. Dentre os fatores a seguir, quais contribuíram para a ocorrência do acidente que causou o naufrágio do Titanic?
   a) Alta velocidade na qual o navio viajava.
   b) Desprezo aos avisos de iceberg emitidos por outras embarcações.
   c) Falta de binóculo para os marinheiros no cesto da gávea.
   d) Todas as respostas anteriores.

3. Quantos avisos de iceberg de outras embarcações o Titanic recebeu e escolheu ignorar antes do naufrágio?
   a) 5
   b) 6
   c) 7
   d) 8
4. Dentre os fatores a seguir quais contribuíram para o elevado número de mortes que ocorreu em decorrência do naufrágio?
   a) O número de botes salva-vidas era insuficiente.
   b) Os passageiros não foram submetidos a treinamentos de emergência antes e durante a viagem.
   c) Os tripulantes não foram submetidos a treinamentos de emergência antes e durante a viagem.
   d) Todas as respostas anteriores.
5. Considere a sentença que se segue, que foi extraída do texto deste capítulo:

   "...muitos projetos ainda são conduzidos de forma semelhante ao Titanic, ... isto é, se deslocam, em alta velocidade, em direção a um campo cheio de icebergs, sem radar, nem botes salva-vidas, ..."
   a) Qual o significado da palavra iceberg neste contexto?
      i. Circunstância que prenuncia um mal para alguém ou para alguma coisa
      ii. Elementos que podem afetar, total ou parcialmente, o sucesso de um projeto.
      iii. Grande massa de gelo flutuante que se desprendeu de uma geleira ou da plataforma continental de gelo.
      iv. Um tipo de alface com folhas verdes e crespas.
   b) Qual o significado da expressão "... sem radar, nem botes salva-vidas ..."?
      i. Escaler pequeno, de formas cheias, utilizado em situações de extremo perigo para abandonar uma embarcação de maior porte.

ii. Instrumento cortante, constituído de lâmina e cabo.

iii. Sem equipamentos para localizar objetos móveis ou estacionários que utiliza pulsos de microondas.

iv. Sem planos de contenção e contingência.

6. Dentre as opções oferecidas, qual completa corretamente a frase a seguir?

   "Observe que falar sobre risco é falar sobre a _________ de fatores que podem afetar o sucesso de um projeto, da __________ destes elementos assumirem valores que possam prejudicar, total ou parcialmente, o projeto, e das _________ destes elementos assumirem aqueles valores em particular".

   a) Descoberta, fatalidade e causas.
   b) Identificação, probabilidade e consequências.
   c) Monitoração, infelicidade e implicações.
   d) Sinalização, inevitabilidade e chances.

7. De que projeto o capitão do TITANIC estava encarregado?

   a) Bater o recorde de travessia do Atlântico.
   b) Levar os passageiros, sãos e salvos, da Europa para os Estados Unidos.
   c) Testar a manobrabilidade do navio.
   d) Verificar qual era a velocidade máxima que o navio poderia atingir.

8. Por que o capitão do TITANIC falhou miseravelmente na sua missão?

   a) Icebergs são difíceis de serem vistos de noite.
   b) O mar estava agitado na noite do desastre.
   c) Sua visão deficiente impediu que ele avistasse os icebergs a tempo.
   d) Subestimou os fatores de risco que poderiam afetar o sucesso do projeto.

9. O que são planos de contenção?

   a) Barreiras colocadas ao longo da estrada para evitar a fuga de criminosos.

b) Cursos de ação capazes de diminuir a probabilidade de que fatores de risco venham a assumir valores que prejudiquem as chances de sucesso de um projeto.

c) Itens de segurança colocados dentro e nas vizinhanças de um presídio para evitar a fuga de criminosos.

d) Planos para evitar desabamentos que ocorrem frequentemente em decorrência de chuvas fortes.

10. O que são planos de contingência?

a) Algoritmo destinado a tirar proveito de uma situação de sinistro.

b) Planos destinados a resolver a dúvida que paira sobre um determinado acontecimento.

c) Planos elaborados por um partido político que está em vias de ganhar uma eleição.

d) Procedimentos para minorar as consequências de um fator de risco assumir um valor que é prejudicial a um projeto.

Respostas dos Exercícios

1. d
2. d
3. d
4. d
5. a) ii

   b) iv
6. b
7. b
8. d
9. b
10. d

2. Gerência de Risco

AO FINAL DESTE CAPÍTULO VOCÊ DEVERÁ SABER:

Como funciona o processo de Gerência de Risco.
Quais as atividades que compõem a Análise de Risco.
Quais as atitudes gerenciais a serem tomadas em face aos fatores de risco.
Quais as atividades do Controle de Risco.
Como aplicar o processo de Gerência de Risco ao caso Titanic.

Uma visão panorâmica da gerência de risco

O tratamento sistemático de risco nas atividades de projeto é chamado de Gerência de Risco. A Gerência de Risco é um conjunto de atividades que tem por objetivo, de uma forma economicamente racional, maximizar o efeito dos fatores de risco positivos e minimizar o efeito dos negativos. Ou seja,

Gerência de Risco define uma maneira previsível para lidar com os imprevistos, fazendo com que os possíveis cenários futuros fiquem dentro de uma faixa de variabilidade aceitável.

Encontramos, na prática, dois tipos de posturas que as equipes de projeto adotam em face das incertezas:

- a primeira é a postura reativa e
- a segunda é uma postura proativa.

Na postura reativa, o gerente elabora um plano de projeto baseado num cenário que ele considera mais provável e vai tratando cada um dos fatores de risco na medida em que eles vão acontecendo. Este estilo de gerenciamento, também conhecido como "apagando incêndios", acarreta um grande estresse na equipe de projeto, com um tremendo consumo de energia em situações que, a um pequeno custo adicional, teriam seu impacto eliminado ou substancialmente reduzido.

A postura proativa, por outro lado, reconhece as vantagens do planejamento e acompanhamento como ferramentas racionais e econômicas para enfrentar as incertezas dos projetos. Estas atividades constituem, no seu conjunto, o que chamamos de Gerência de Risco. A Gerência de Risco envolve, portanto, atividades feitas em tempo de planejamento, a chamada Análise de Risco, e em tempo de execução, chamada de Controle de Risco.

A Análise de Risco envolve um conjunto de atividades que visa identificar os fatores de risco, avaliar seu possível impacto e definir ações a serem executadas para reduzir ou eliminar a influência destes fatores no resultado desejado. Quando o projeto está sendo executado, entram em ação as atividades de Monitoração dos Fatores de Risco e da execução das atividades contigenciadas requeridas para tratar o aparecimento dos fatores de risco.

Já que um processo é um conjunto de atividades encadeadas, previamente definidas, com o intuito de produzir um bem ou um serviço, o conjunto de atividades da Gerência de Risco pode ser visto como um processo que tem por objetivo manter o impacto dos fatores de risco dentro de níveis aceitáveis.

Processos podem ser descritos graficamente através de um tipo de fluxograma conhecido como diagrama de atividades. O processo de Gerência de Risco é apresentado na Figura 2.1. Nele podemos observar a Gerência de Risco como sendo composta de outros dois processos: a Análise de Risco e o Controle de Risco.

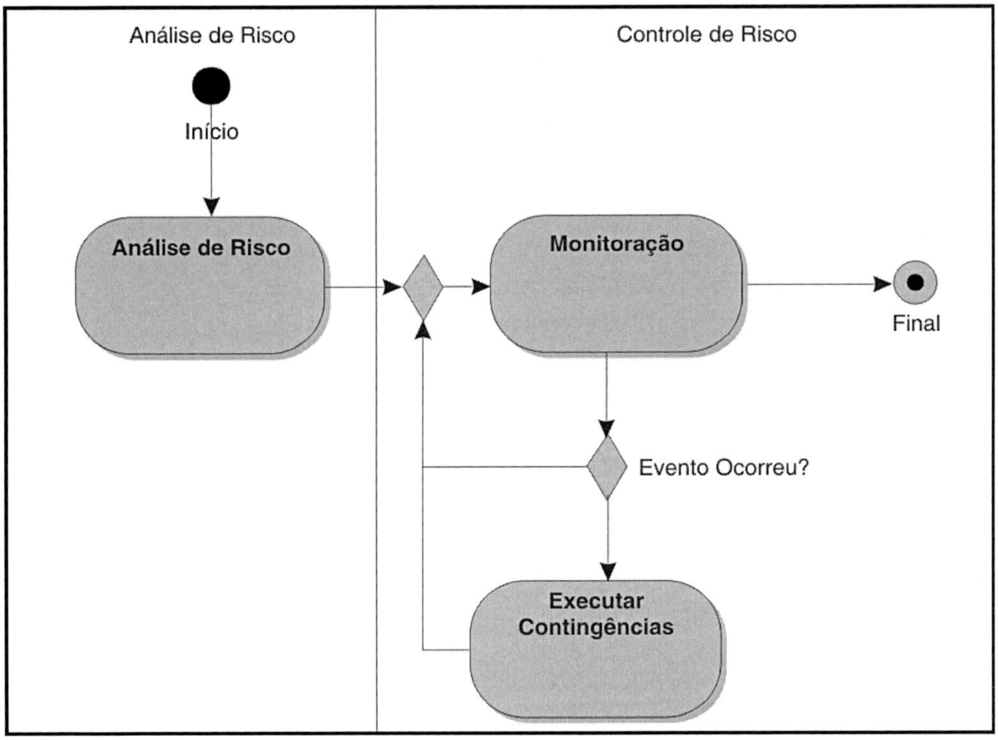

Figura 2.1. Processo de Gerência de Risco.

Análise de Risco

O processo de Análise de Risco, mostrado na Figura 2.2, é composto pelas seguintes atividades:

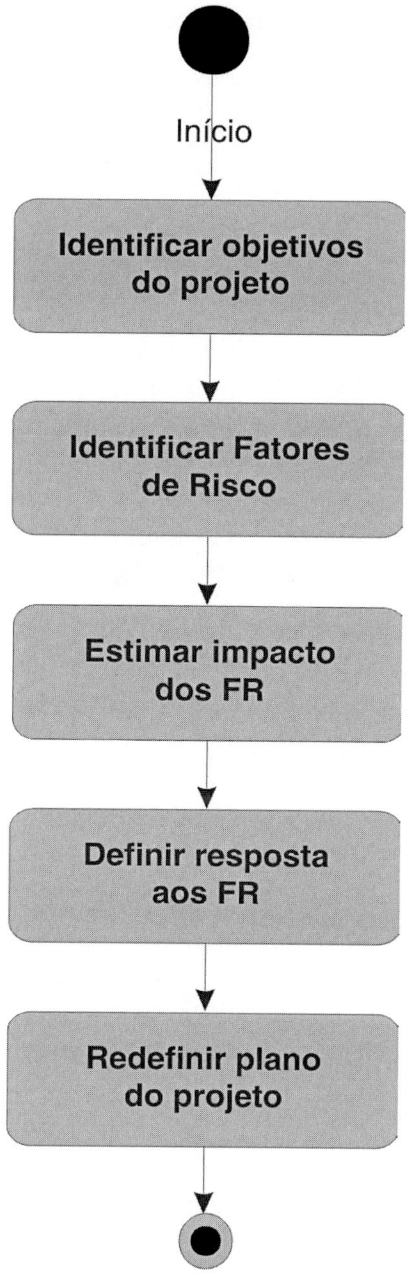

Figura 2.2. Atividade do processo de Análise de Risco.

Identificar os objetivos do projeto

Nesta atividade, as partes interessadas do projeto definem quais os objetivos do projeto e quais são os critérios de sucesso associados a cada um dos objetivos.

Identificar os fatores de risco

Esta atividade inicia com a identificação de quais seriam os fatores de risco que poderiam comprometer os critérios de sucesso associados aos objetivos do projeto. A identificação dos fatores de risco é uma atividade de descoberta e, portanto, difícil de ser sistematizada. Por outro lado, a experiência prática com este tipo de problema mostra um conjunto de técnicas para a identificação dos fatores de risco. Entre elas podemos citar o uso de *check lists*, o *brainstorm* e a técnica Delphi.

Estimar o impacto dos fatores de risco

Após a identificação dos fatores de risco, é necessário fazer uma estimativa tanto da probabilidade de ocorrência do fator de risco, assim como de seu impacto em cada um dos objetivos do projeto. Esta avaliação pode tanto ser baseada em dados históricos de projetos anteriores (como fazem as empresas de seguro ao definir o prêmio do seguro de seu automóvel, quando pedem que você descreva seus hábitos pessoais de dirigir) ou em avaliações subjetivas das partes interessadas no projeto.

Definir as ações de tratamento

Dependendo da probabilidade e do impacto de cada um dos fatores de risco, três tipos de ações podem ser executadas: eliminar, contigenciar ou ignorar o fator de risco. Vamos analisar cada um destes casos separadamente.

a) **Eliminar o fator de risco:** Esta ação pode ser executada de duas maneiras possíveis.

   A primeira é definindo uma ou mais atividades que eliminam o fator de risco como, por exemplo, incluindo uma atividade de treinamento para eliminar o fator de risco do desconhecimento da tecnologia pelos membros da equipe de projeto.

Uma segunda forma, chamada de escalamento do problema, ocorre quando um fator de risco com alta probabilidade e alto impacto não pode ser reduzido por meio de simples atividades do projeto.

Por exemplo, um fator de risco associado a uma desvalorização cambial, que só pode ser reduzido por um acordo entre as instâncias superiores tanto do cliente como do fornecedor.

b) **Contingenciar o fator de risco:** Em todos os projetos haverá uma grande quantidade de fatores de risco que não valem a pena serem eliminados individualmente.

Por exemplo, se tivermos dez fatores de risco, cada um deles com uma baixa probabilidade de ocorrência, a probabilidade de que todos eles ocorram no mesmo projeto é praticamente nula.

Novamente, podemos tomar como ilustração o seguro contra roubo de automóveis. A empresa sabe, por exemplo, que a probabilidade histórica de um carro de um determinado modelo ser roubado é, digamos, 5%.

Se nenhuma catástrofe acontecer, apenas um em cada vinte será roubado e ainda assim a seguradora poderá ser recompensada pelo seu trabalho. Mas existe uma chance de que todos os carros de um determinado modelo sejam roubados? É claro que existe, mas é tão pequena que não precisa ser levada em consideração!!! O mesmo se aplica aos fatores de risco que serão contingenciados.

Como sabemos que alguns dentre eles irão acontecer, mas não sabemos precisamente quais, o contingenciamento implica em definir um conjunto de atividades a serem executadas somente quando um dos fatores de risco vier a existir. Completando, atividades contigenciadas são atividades que podem ou não ser executadas e cujos impactos agregados em termos de custo e prazo são colocados no plano do projeto.

A decisão de contingenciar um fator de risco é normalmente acompanhada de ações que tentam reduzir ou a probabilidade ou o impacto de um fator de risco. A este conjunto de atividades damos o nome de atividades de mitigação do fator de risco.

c) **Ignorar fator de risco:** Aqueles fatores de risco, com uma probabilidade muito baixa e um impacto muito baixo, podem ser ignorados. Mesmo que eles ocorram, a Gerência do Projeto terá condições de lidar com eles sem prejudicar o orçamento e o prazo do projeto.

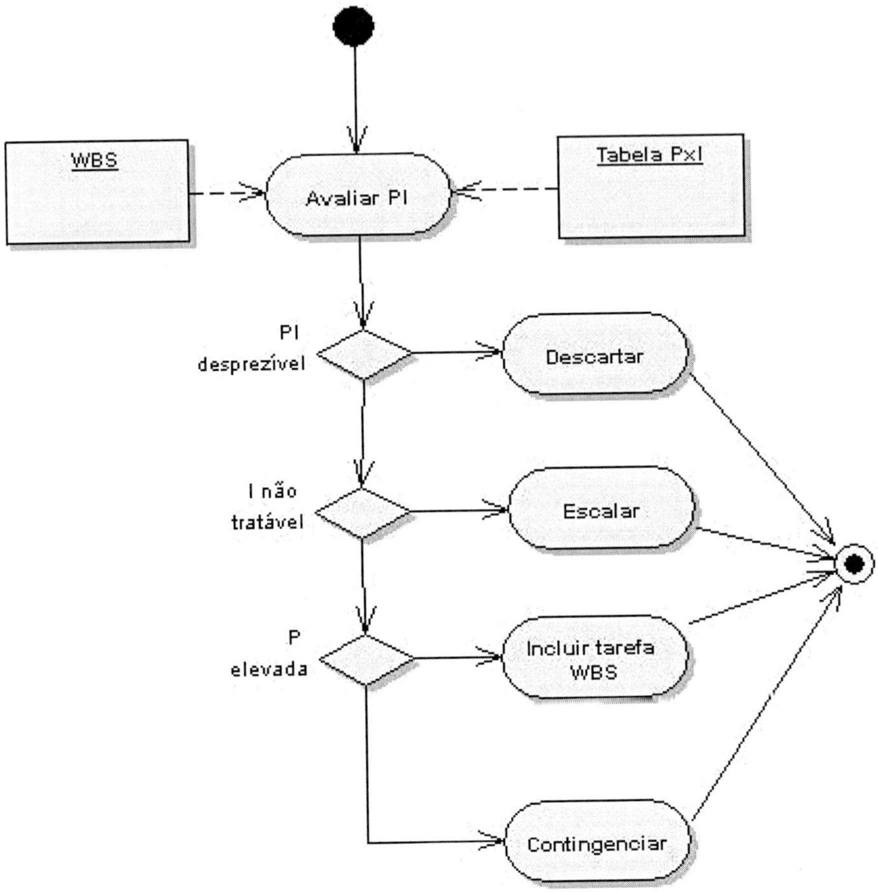

Figura 2.3

Redefinir o plano do projeto

Ao término da atividade de definição do tratamento a ser dado aos fatores de risco, novas atividades terão sido identificadas que não faziam parte do plano original. As atividades necessárias, tanto para a eliminação como a mitigação de riscos, serão incluídas no plano do projeto de forma determinista.

As atividades contingenciadas são incluídas no plano de forma não-determinista, isto é, elas podem ser executadas ou não, dependendo de cenários futuros do andamento do projeto. Da mesma forma, o impacto no custo e no prazo de sua inclusão no plano do projeto deve ser avaliada de forma não-determinista.

Controle de risco

As atividades que, durante a execução do projeto, compõem o processo de Controle de Risco são:

Monitoramento

O responsável pelo fator de risco avalia os sinais do aparecimento de um fator de risco e sinaliza ao gerente quando este realmente acontece.

Executar atividades contingenciadas

Quando um evento de risco é detectado, a atividade contingenciada associada a um fator de risco é colocada em execução.

Uma análise formal do Caso Titanic

Podemos agora revisar, de uma maneira mais formal, o Caso Titanic dentro de uma perspectiva de Gerência de Risco.

Inicialmente, o nosso processo pede pela identificação dos objetivos do projeto. A definição dos objetivos e de seus critérios de sucesso é um processo de negociação entre as partes interessadas no projeto.

Por exemplo, num projeto de desenvolvimento de software, o cliente pode ter como objetivo o menor prazo de desenvolvimento possível enquanto o fornecedor está interessado em produzir o software ao menor custo possível.

No caso Titanic, pode-se observar que os objetivos colocados pela direção da empresa eram claramente conflitantes, se não vejamos:

> Objetivo 1 – Levar os passageiros com toda a segurança até Nova York (o que é, aliás, o objetivo máximo da navegação marítima).
> Objetivo 2 – Fazer a travessia no menor tempo possível.

Salta à vista que existe um conflito entre os objetivos, pois fazer a travessia no menor tempo implica em usar a velocidade máxima, o que significa afrouxar os critérios de segurança.

Ao analisar quais os fatores de risco associados ao objetivo 2, podemos identificar:

Fator de Risco 1 – Choque com outra embarcação.

Fator de Risco 2 – Avaria nos motores, colocando o navio à deriva.

Fator de Risco 3 – Falha no leme, colocando o navio sem controle de direção.

Fator de Risco 4 – Encontro de uma tempestade.

Fator de Risco 5 – Choque com um *iceberg*.

Dentre estes vamos avaliar o Fator de Risco 5, ou seja, avaliar a probabilidade e o impacto do evento "Choque com um iceberg" vir a ocorrer. A consequência de um choque com um iceberg, pequena ou catastrófica, é dependente da velocidade do navio. Na sua velocidade máxima, vinte nós, o choque com um iceberg provocará um rombo no casco, que quase certamente levará ao seu afundamento.

A probabilidade de ocorrência do choque nesta época do ano, mesmo levando em consideração a existência de muitas massas de gelo se deslocando na região, é média. Podemos completar a etapa de avaliação para este fator:

FR 5:	Choque com um iceberg
Probabilidade:	Média
Impacto:	Muito alto

Qual o tratamento a ser dado a FR5? Podemos eliminá-lo? Provavelmente sim! Basta que o navio se desloque a uma velocidade muito baixa, por exemplo: alguns poucos nós.

Como esta alternativa não pode ser implementada por razões práticas, FR5 terá de ser contido e contigenciado. Como ações de contenção podemos citar:

Atividade de Contenção 1 – Colocar equipe para vigia constante usando binóculos de longo alcance. Ao avistar um bloco de gelo, reduzir a velocidade.

Atividade de Contenção 2 – Manter contato com outros navios na mesma região. Ao ser informado da existência de icebergs, reduzir a velocidade.

Estes dois parecem ser suficientes como atividades de contenção, mas não eliminam a possibilidade de um choque real.

No caso de um choque, com dano no casco, o procedimento padrão é a evacuação do navio colocando passageiros e tripulantes em botes salva-vidas. Desta forma, algumas atividades contingenciadas podem ser definidas:

> Atividade Contingenciada 1 – Avisar embarcações e guarda costeira da situação de perigo.
>
> Atividade Contingenciada 2 – Distribuir coletes salva-vidas para os passageiros.
>
> Atividade Contingenciada 3 – Embarcar passageiros nos botes e baixar botes ao mar.

Se o Gerente do Projeto Titanic tivesse executado os passos básicos do processo de Gerência de Risco, talvez o Titanic ainda estivesse transportando passageiros em vez de se tornar um grande túmulo a 3.800 metros de profundidade, nas águas geladas no Atlântico Norte.

Exercícios

1. O que é gerência de risco?
   a) A gestão das atividades inerentes ao traçado de esboços e desenhos.
   b) Controle das atividades de pautação.
   c) É o tratamento sistemático de risco nas atividades de projeto.
   d) O tratamento de qualquer traço em cor, ou sulco pouco profundo, na superfície de um objeto.

2. Quais são os principais objetivos da gerência de risco?
   a) Aumentar os lucros, reduzindo as perdas.
   b) Estabelecer estratégias para a diminuição dos riscos a que um projeto está sujeito.
   c) Maximizar o efeito dos fatores de risco positivos (também conhecidos como oportunidades) e minimizar o efeito dos negativos.

d) Remover, o mais rapidamente possível, todos os riscos a que um projeto está sujeito.

3. Que sentença melhor descreve o estilo gerencial conhecido como "apagando incêndios"?
   a) Aquilo que os olhos não veem como problema, o coração não percebe como sendo um problema.
   b) Cada vez que um problema urgente surge no decorrer de um projeto, um certo conjunto de recursos é desviado de outras atividades de projeto, sem um objetivo específico.
   c) O gerente elabora um plano de projeto baseado num cenário que ele considera mais provável e vai tratando cada um dos fatores de risco na medida em que eles vão acontecendo.
   d) Nenhuma das respostas anteriores.
4. Em que tipo de postura a equipe de projeto reconhece as vantagens do planejamento e acompanhamento como ferramentas racionais e econômicas para enfrentar as incertezas dos projetos?
   a) Defensiva.
   b) Proativa.
   c) Reativa.
   d) Shafteriana.
5. De que processos a atividade de gerência de risco é composta?
   a) Análise de risco e controle de risco.
   b) Avaliação de risco e contingenciamento.
   c) Contingenciamento e altercação.
   d) Identificação de risco e tratamento de risco.
6. Dentre as atividades a seguir, qual não faz parte do processo de Análise de Risco?
   a) Avaliar os impactos dos fatores de risco.
   b) Definir respostas aos fatores de risco.

c) Escolher o culpado pelas atividades que não forem executadas a contento.

d) Identificar fatores de risco.

e) Identificar os objetivos do projeto.

7. Relacione corretamente a coluna da esquerda com a coluna da direita.

a. Identificar os objetivos do projeto	[ ]	Faz uma estimativa tanto da probabilidade de ocorrência do fator de risco, assim como de seu impacto em cada um dos objetivos do projeto.
b. Identificar os Fatores de Risco	[ ]	Inclui no plano de projeto as atividades necessárias tanto para a eliminação como a mitigação de riscos.
c. Estimar o impacto dos Fatores de Risco	[ ]	As partes interessadas no projeto definem quais os objetivos do projeto e quais são os critérios de sucesso associados a cada um dos objetivos.
d. Definir as ações de tratamento	[ ]	Esta atividade se inicia com a identificação de quais seriam os fatores de risco que poderiam comprometer os critérios de sucesso associados aos objetivos do projeto
e. Redefinir o plano do projeto	[ ]	Elimina, contingencia ou ignora o fator de risco.

8. Que atividades compõem o processo de controle de risco?

a) Avaliação de risco e atribuição de responsabilidades.

b) Monitoramento e execução de atividades contingenciadas.

c) Replanejamento de atividades e reavaliação de riscos.

d) Nenhuma das respostas anteriores.

Respostas dos Exercícios

1. c
2. c
3. c
4. b
5. a
6. c
7. a. As partes interessadas no projeto ...

   b. Esta atividade se inicia com a identificação ...

   c. Faz uma estimativa tanto da probabilidade de ...

   d. Elimina, contingencia ou ignora ...

   e. Inclui no plano de projeto ...
8. b

3. Análise de Risco

AO FINAL DESTE CAPÍTULO VOCÊ DEVERÁ SABER:

Que atividades compõem a análise de risco.
Como estas atividades podem ser gerenciadas.
O que é uma ficha de controle de risco e para o que serve.
Como as matrizes de impacto e probabilidade funcionam.
Por que fichas de controle de risco precisam conter informações de contexto.

Gerência de Risco

Ao darmos continuidade ao detalhamento das atividades da gerência de risco, é importante adquirirmos uma visão global das principais ferramentas utilizadas na área. De outra forma corremos o risco (desculpem a piada) de, com muito tempo e esforço, termos simplesmente reinventado a roda.

Conceitualmente, a Gerência de Risco é um processo composto de dois subprocessos, um na fase de planejamento e outro na fase de execução. Na fase de planejamento, também chamada de Análise de Risco, temos quatro atividades básicas, a saber:

- Identificação dos fatores de risco,
- Avaliação de seus impactos e probabilidades,
- Elaboração de planos de contenção e contingência, e
- Redefinição do plano do projeto.

Já na fase de execução, o processo de Controle de Risco é composto de duas atividades:

- Monitoramento dos fatores de risco, e
- Execução das atividades contingenciadas.

Na fase de identificação de riscos, o gerente do projeto e sua equipe procuram identificar os fatores de riscos a que o projeto está exposto. Na fase de análise de impacto e probabilidade, eles avaliam o impacto de cada fator de risco sobre o projeto, assim como a probabilidade de que cada um deles venha a prejudicar o projeto.

Na fase de elaboração de planos de contenção e contingência, ele procura estabelecer cursos de ação que diminuam a probabilidade de cada fator de risco vir a afetar o projeto (planos de contenção) e, caso a concretização do risco se torne inevitável, cursos de ação que minimizem o seu impacto (planos de contingência).

Na fase de redefinição do plano de projeto, o plano inicial, elaborado antes da análise de risco, é refeito de forma a incluir as atividades de eliminação, contenção e mitigação dos fatores de risco.

Finalmente, em tempo de execução, na fase de monitoramento, verifica-se:

- A eficácia dos planos de contenção e contingência,
- Como a probabilidade do risco se concretizar tem variado ao longo do tempo e
- No caso de algum fator de risco vir a materializar-se, engatilha-se a execução das atividades de contingenciamento.

Veja a Figura 3.1.

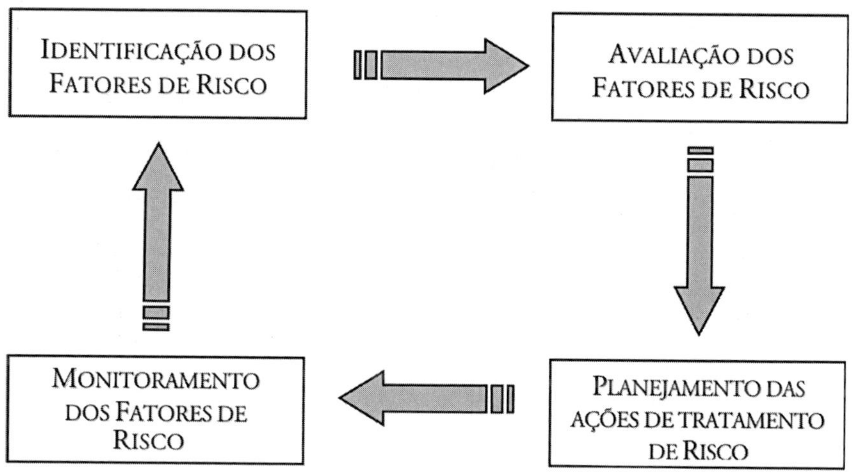

Figura 3.1. Ciclo de análise de risco

Ficha de Controle de Risco: Identificação e Responsabilidades

As atividades ligadas à Gerência de Risco são mais facilmente acompanhadas através da utilização de fichas de controle de risco, uma ferramenta para registro e controle dos riscos de um projeto apresentada inicialmente por Marvin J. Carr, do Instituto de Engenharia de Software da Universidade de Pittsburgh, nos Estados Unidos, e expandida, posteriormente, pelos autores deste livro.

Uma ficha de controle de risco é composta de quatro partes básicas, a saber:

- Descrição do risco,
- Análise de impacto e probabilidades,
- Planos de contenção e contingência e
- Histórico dos acontecimentos.

Na parte da ficha destinada à descrição do risco, o gerente do projeto atribui ao risco em questão um identificador único, com o intuito de facilitar o seu armazenamento e localização no arquivo de fichas de risco, assim como a sua referência por outros documentos do projeto.

A Figura 3.2 apresenta a parte inicial de uma ficha de controle de risco, cujo identificador único é "ABC 23".

<table>
<tr><td colspan="3">Identificação: ABC 23</td><td colspan="4">Ficha de Controle de Risco</td><td>Criada em: 3/2/1999</td></tr>
<tr><td colspan="7">Matriz de Impacto X Probabilidade</td><td rowspan="5">Fator de risco: o nível de experiência da equipe de projeto com o Campaign Manager Plus (CMP) e o Intelligent Data Miner (IDM) pode estar aquém das necessidades do projeto.</td></tr>
<tr><td>MAlt</td><td></td><td></td><td></td><td></td><td>C, P</td><td></td></tr>
<tr><td>Alt</td><td></td><td></td><td></td><td></td><td>T, $</td><td></td></tr>
<tr><td>Med</td><td></td><td></td><td></td><td></td><td></td><td></td></tr>
<tr><td>Bx</td><td></td><td></td><td></td><td></td><td></td><td></td></tr>
<tr><td>MBx</td><td></td><td></td><td></td><td></td><td></td><td></td><td rowspan="6">Risco: Se o nível de experiência da equipe com o CMP e o IDM estiver aquém das necessidades do projeto, então é possível que os prazos das diversas fases da campanha de marketing tenham que ser, substancialmente, dilatados.</td></tr>
<tr><td>Nula</td><td></td><td></td><td></td><td></td><td></td><td></td></tr>
<tr><td></td><td>Nula</td><td>MBx</td><td>Bx</td><td>Med</td><td>Alt</td><td>MAlt</td></tr>
<tr><td colspan="7">Dimensões de Risco</td></tr>
<tr><td colspan="2">$ = Custo</td><td colspan="3">T = Tempo</td><td colspan="2">P = Político</td></tr>
<tr><td colspan="2">L =Legal</td><td colspan="3">C = Comercial</td><td colspan="2">Q =Qualidade</td></tr>
<tr><td colspan="5">Responsável: William Albuquerque</td><td colspan="3">Origem: Antonio Alencar</td></tr>
</table>

Figura 3.2. Ficha de Controle de Risco

Nesta parte da ficha também é registrada a data em que o risco foi inicialmente identificado, a pessoa responsável pela sua identificação, a pessoa responsável pelo acompanhamento do risco, a incerteza que deu origem ao risco e a descrição do risco propriamente dita.

Na ficha que é parcialmente apresentada na Figura 3.2, 3/2/1999 é a data na qual a ficha foi gerada, "Antonio Alencar" é o nome do profissional responsável pela identificação do fator de risco registrado na ficha e "William Albuquerque" é o nome do profissional responsável pelo acompanhamento das atividades de gestão do fator de risco.

Do ponto de vista gerencial é muito importante que exista uma pessoa responsável por cada risco que tenha sido identificado pela equipe de projeto e que venha a fazer parte do ciclo de análise de risco. Fatores de risco pelos quais ninguém é responsável, ou pelos quais todos são responsáveis, tendem a ser facilmente negligenciados.

O registro do nome da pessoa responsável pela identificação do fator de risco é um outro aspecto importante do ponto de vista gerencial. Não é incomum que a pessoa designada para ser responsável pelo fator de risco tenha que recorrer, inicialmente, a este indivíduo para discutir aspectos dos mais diversos relativos à incerteza que dá origem ao risco, à sua descrição, ao impacto que sua concretização teria sobre o projeto etc.

O fator de risco registrado na ficha diz respeito à inexperiência da equipe de projeto com dois programas de computador, a saber: CMP e IDM. Por sua vez, o risco ali registrado evidencia os possíveis efeitos negativos do fator de risco sobre o projeto.

Ficha de Controle de Risco: Informações de Contexto

Com o intuito de facilitar a compreensão do conteúdo da ficha de controle de risco pelos "não iniciados", isto é, pelas pessoas e organizações cujo contato com o dia a dia do projeto é esporádico, o gerente do projeto deve solicitar que o responsável pelo projeto adicione, na parte da ficha destinada à identificação do risco, informações de contexto. Veja Figura 3.3.

Contexto: o *Campaign Manager Plus, CMP*, e o *Intelligent Data Miner, IDM,* são programas que, atuando de forma integrada, auxiliam na execução de campanhas de database marketing e na busca de padrões em banco de dados. Estes programas foram adquiridos recentemente pela empresa, que está com pressa em obter retorno do investimento realizado. Afinal de contas eles foram substanciais.

Infelizmente não houve tempo para que a nossa equipe de database marketing fosse treinada corretamente. Existem outras pessoas na empresa com experiência no uso destes programas, porém é muito provável que elas não estejam disponíveis para trabalhar na nossa equipe.

Figura 3.3. Informações de contexto

Ficha de Controle de Risco: Matriz de Impacto e Probabilidade

Na parte da ficha destinada à matriz de impacto e probabilidade (canto superior esquerdo da ficha de controle de risco), o gerente do projeto indica a probabilidade da realização do fator de risco, isto é, a probabilidade daquele fator de risco vir a prejudicar o projeto.

Para indicar esta probabilidade ele seleciona uma das colunas da matriz, que será, posteriormente, preenchida com o impacto estimado em cada uma das dimensões de risco.

Na Figura 3.2, por exemplo, a coluna escolhida é Alt, que indica que a probabilidade estimada do fator de risco vir a se realizar, isto é, vir a assumir um valor prejudicial ao projeto, é alta.

Em geral, os seguintes fatores de escala podem ser utilizados para expressar a probabilidade de um fator risco vir a se realizar: Nula (não existe nenhuma chance do risco vir a se realizar), MBx (muito baixa), Bx (baixa), Med (média), Alt (alta) e MAlt (muito alta).

Dado que cada participante do projeto pode interpretar estes fatores de escala de forma ligeiramente diferente, é importante que o gerente de projeto defina precisamente o seu significado. A Figura 3.4 mostra fatores de escala que são comumente utilizados em projetos no mundo real.

Fatores de Escala	Probabilidade
Nulo	0% a 9%
Bx	10% a 29%
MBx	30% a 49%
Méd	50% a 69%
Alt	70% a 89%
MAlt	Maior que 90%

Figura 3.4. Atribuindo significado aos fatores de escala

Ficha de Controle de Risco: Avaliando o Impacto de Fatores de Risco

Caso um fator de risco venha a se realizar, muito provavelmente, ele irá afetar os vários objetivos do projeto de forma diferenciada. Um determinado fator de risco, por exemplo, pode ter um impacto considerável no custo de um projeto e nenhum impacto no tempo de projeto, enquanto um outro pode ter um forte impacto político e um impacto desprezível nas demais dimensões do projeto.

Os objetivos mais comumente considerados nos projetos do mundo real são: o tempo, o custo, a qualidade, o aspecto comercial, o aspecto legal e a vertente política. Devemos ressaltar que, por razões de completude, nem sempre são os objetivos mais importantes de um projeto.

Observe que, num projeto de candidatura presidencial, o objetivo mais importante é ser eleito, o que, por sua vez, pode ser traduzido quantitativamente em número de votos. Neste caso, os fatores de risco são aqueles que afetam a quantidade de votos do candidato.

Por exemplo, a divulgação de um fato, até então mantido desconhecido do público, tais como: um caso amoroso indevido do candidato, o mau uso dos recursos públicos ou um relacionamento íntimo com bandidos e contraventores, pode fazer com que o eleitor opte por candidatos mais alinhados com seus valores morais

Um fator de risco tem impacto no tempo quando, caso venha a se realizar, implique no aumento do tempo de projeto acordado com o cliente. Se o custo combinado com o cliente tiver que ser aumentado em virtude da realização de um determinado risco, então este risco impacta no objetivo custo. O impacto é tão mais forte quanto maior for o aumento de custo em relação ao que foi originalmente estabelecido.

Caso alguma funcionalidade do que está sendo produzido venha a ser afetada em decorrência da realização de um determinado fator de risco, então este fator impacta o objetivo qualidade. Num projeto de um sistema de informações, por exemplo, que tenha que lidar com valores em diferentes moedas, a falta de determinadas informações pode implicar na disponibilização do sistema apenas para operações realizadas em reais ou dólares. Neste caso, o cliente contratou um certo conjunto de funcionalidades, que não poderão ser entregues, violando aquilo que foi acordado com o gerente do projeto.

A dimensão comercial se refere à impossibilidade do que está sendo produzido ser comercializado livremente no mercado de bens e serviços.

É bem verdade que nem todo projeto produz bens que sejam passíveis de comercialização. Estes projetos são impermeáveis a riscos que afetem a dimensão comercial. Para aqueles que produzem bens passíveis de comercialização, o impacto no objetivo comercial aumenta, na medida em que a probabilidade daquele bem não poder ser comercializado aumentar em decorrência da realização de um determinado fator de risco.

Existe um grande número de fatores de risco ligados à dimensão política, expressando a possibilidade de o projeto vir a ser cancelado em decorrência de mudanças nas políticas de investimento da organização contratante. Dentre os fatores de risco que afetam esta dimensão, destacam-se aqueles relacionados à saída do executivo patrocinador do projeto da organização e os que afetam negativamente o retorno do investimento realizado no projeto. Por exemplo, se um concorrente lançar um produto similar àquele que o projeto viria a produzir no futuro, diminuindo o mercado potencial para este produto, então a dimensão política é afetada pelo risco deste produto vir a ser lançado antes do término do projeto.

Os fatores de risco ligados à dimensão legal, por sua vez, expressam a possibilidade da organização contratante vir a ser processada, com sucesso, em decorrência daquilo que é produzido pelo projeto. Tome como exemplo a construção de um conjunto de apartamentos na qual as instalações elétricas poderão não ser suficientes para fazer face às demandas de seus usuários. Caso isso venha a se concretizar, é possível que os usuários finais das diversas unidades venham a processar, com sucesso, a empresa que contratou a construção.

É importante mencionar que as dimensões aqui apresentadas não esgotam, de forma alguma, o conjunto de dimensões possíveis de serem consideradas na definição dos fatores de risco associados a um projeto.

O desenvolvimento de um novo agente bactericida para centros cirúrgicos, por exemplo, pode ter que levar em consideração o risco de infecção hospitalar, enquanto o uso de um novo material em edificações de pequeno porte pode ter que levar em consideração o risco de incêndio ou de desabamento.

Cabe, em última instância, ao gerente do projeto a responsabilidade de identificar, corretamente, as dimensões de risco que são pertinentes aos projetos sob sua responsabilidade.

Atribuindo significado aos fatores de escala dimensionais

O registro do impacto potencial de um determinado risco sobre um projeto apresenta um grau extra de dificuldade em relação ao registro da probabilidade de realização do risco, a saber: os fatores de escala, na ficha de controle de risco, apesar de terem nomes idênticos, têm significados diferentes!

Considere, por exemplo, a dimensão tempo de projeto. A Figura 3.5 apresenta significados de fatores de escala que podem ser utilizados para um projeto com duração superior a seis meses.

Fatores de Escala	Impacto Sobre o Tempo de Projeto (atraso em semanas)
Nulo	0
Bx	1
MBx	2
Méd	3
Alt	5
MAlt	Maior que 5

Figura 3.5. Atribuindo significado aos fatores de escala relativos à dimensão tempo de projeto

Obviamente o significado destes fatores de escala tem que ser alterado quando estamos avaliando o impacto do risco sobre a dimensão custo. A Figura 3.6 apresenta significados que podem ser atribuídos nesta situação.

Fatores de Escala	Impacto Sobre o Custo de Projeto (% sobre o custo original)
Nulo	0%
Bx	1% a 4%
MBx	5% a 8%
Méd	9% a 12%
Alt	13% a 16%
MAlt	Acima de 16%

Figura 3.6. Atribuindo significado aos fatores de escala relativos à dimensão custo

É importante mencionar que nem a abordagem de valores absolutos adotada na Figura 3.5, nem a abordagem de valores relativos adotada na Figura 3.6, ajuda na atribuição de significado aos fatores de escala associados à dimensão qualidade.

Neste caso podemos adotar uma estratégia de duas etapas. Na primeira, o gerente do projeto classifica as diversas funcionalidades a serem oferecidas pelo produto ou serviço que estiver sendo produzido pelo projeto em conjuntos distintos, tais como: essenciais, muito importantes, importantes, pouco importantes e absolutamente irrelevantes.

Numa segunda etapa, ele identifica a funcionalidade mais importante a ser afetada pelo risco. Caso esta funcionalidade seja essencial, então o impacto é muito alto, ou seja, MAlt. Caso a funcionalidade seja muito importante, então o impacto é alto, ou Alt, e assim por diante. A Figura 3.7 sumariza estas ideias.

Fatores de Escala	Impacto Sobre a Qualidade (classificação da funcionalidade mais importante)
Nulo	Nenhuma Funcionalidade Será Afetada
Bx	Totalmente Irrelevante
MBx	Pouco Importante
Méd	Importante
Alt	Muito Importante
MAlt	Essencial

Figura 3.7. Atribuindo significado aos fatores de escala relativos à dimensão qualidade

As dimensões que se referem à probabilidade de algum tipo de acontecimento ter lugar como, por exemplo, o produto ou serviço a ser produzido pelo projeto não poder ser comercializado, o projeto ser cancelado devido à mudança nas políticas de investimento da organização contratante ou o projeto propiciar uma disputa judicial que poderia ser decidida desfavoravelmente à organização contratante, podemos atribuir significados semelhantes àqueles apresentados na Figura 3.4.

Ficha de Controle de Risco: Atividades de Contenção e Contingência

Uma vez que os fatores de risco associados a um projeto tenham sido identificados, o gerente de projetos se sente, naturalmente, pressionado a estabelecer cursos de ação que venham a eliminar por completo ou diminuir o impacto de cada um destes fatores de riscos sobre os objetivos do projeto. Esses cursos de ação são registrados na parte da ficha de controle de risco destinada aos planos de contenção. Veja Figura 3.8.

Em diversas situações, é possível que a efetividade dos cursos de ação estabelecidos pelo gerente a título de planos de contingência se revele ineficaz. Neste caso, a realização do fator de risco pode se tornar inevitável ao longo do tempo.

Estratégia de Contenção:

1. Atualizar as estimativas de prazo acordado para as diversas fases da campanha de marketing (concluído).
2. Obter aprovação do cliente para o aumento nas estimativas de tempo (concluído).
3. Conseguir que um especialista em *CMP* e *IDM*, oriundo de uma outra equipe, seja alocado ao projeto (em negociação).
4. Contratar treinamento especializado em *CMP* e *IDM* (solicitação já foi encaminhada ao setor de RH).

Plano de Contingência: subcontratar a operação do *CMP* e do *IDM* de empresas de consultoria. Estima-se que o aumento de custo do projeto seja de $25.000,00.

Disparar Plano de Contingência: se um especialista em *CMP* e do *IDM* não tiver sido alocado ao projeto ou a equipe não tiver sido treinada no uso destes programas até 30/7/1999.

Figura 3.8. Estabelecendo atividades de contenção e contingência

Não é necessário, entretanto, que o gerente do projeto assista à realização destes riscos de braços cruzados — ele pode estabelecer cursos de ação que venham a diminuir o impacto destes riscos sobre as diversas dimensões de projeto. Estas atividades são registradas na parte da ficha de controle de risco destinada aos planos de contingência. Ver Figura 3.8.

Ficha de Controle de Risco: Histórico

Obviamente, estabelecer atividades de contenção e contingência não significa, em absoluto, que estas serão implementadas. Para que o gerente de projeto possa acompanhar a execução destes planos, é necessário que a pessoa responsável pelo acompanhamento do fator de risco mantenha um registro das ações que já foram tomadas e de suas respectivas consequências. A ficha de controle de risco tem uma parte reservada para o registro deste tipo de evento. Veja a Figura 3.9.

Histórico	Data
1. Estimativas de tempo revisadas. Estima-se um atraso máximo de cinco semanas na execução da campanha de marketing.	15/1/1999
2. Cliente aprova as novas estimativas de tempo de campanha.	17/1/1999
3. Reunião com o diretor de marketing para tratar da transferência de especialistas em *CMP* e *IDM* agendada para 8/2/1999.	25/1/1999
4. Solicitação de treinamento em CPM e IDM encaminhada ao RH.	27/1/1999
Conclusão:	Data:

Figura 3.9. Registrando o histórico dos acontecimentos

Por que muitas empresas não praticam a Gerência de Risco?

A despeito dos enormes benefícios que a gerência de risco pode trazer em termos de um aumento significativo no número de projetos que terminam com sucesso, muitas organizações têm dificuldade em adotar a sua prática.

Muitas organizações desenvolvem, ao longo do tempo, uma cultura na qual aqueles que ousam apontar as incertezas a que todo projeto está, naturalmente, exposto são taxados de pessimistas ou derrotistas. Esse tipo de organização tende a valorizar os esforços dos "heróis de última hora", que trabalham ininterruptamente para finalizar aquilo que deveria ter sido feito dentro do calendário de atividades acordado com o cliente.

Ao se negarem a reconhecer a contribuição que a análise destas incertezas pode trazer para a gerência dos projetos que desenvolvem anualmente, estas organizações acabam condenando a atividade de análise de risco ao ostracismo.

Em consequência, as estimativas de custo, tempo e fluxo de caixa gerados por seus gerentes de projetos dificilmente correspondem à realidade. Os projetos que estes gerentes executam estão frequentemente atrasados, criando um ambiente propício para o surgimento dos "heróis de última hora", que a organização tanto valoriza.

Se você trabalha em uma organização deste tipo e deseja despertar o interesse da alta gerência para a gerência de risco, então um bom curso de ação é apresentar, por escrito, uma lista dos principais objetivos e respectivos riscos a que um projeto está sujeito, acompanhada de seus respectivos planos de contenção e contingência. A alta gerência, em geral, se sente compelida a agir se confrontada com uma lista dos possíveis problemas que um projeto poderá vir a enfrentar, acompanhada por suas possíveis soluções.

Um Exemplo Prático: O Caso da The American Pharmacy

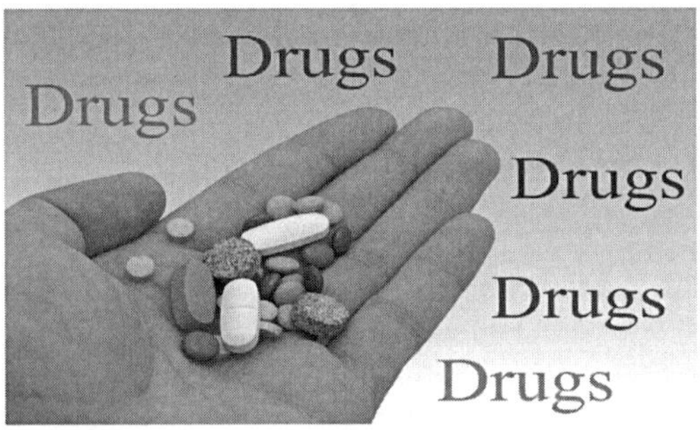

The American Pharmacy

We are always there, when you need it most.

A The American Pharmacy[4] é uma empresa norte-americana de venda de medicamentos no varejo, com presença em mais de vinte estados americanos e faturamento anual superior a US$ 250 milhões.

4 The American Pharmacy é um nome fictício. O verdadeiro nome da empresa foi omitido por razões de confidencialidade.

Apesar do faturamento expressivo, o *board* de diretores da The American Pharmacy está extremamente preocupado com o futuro. Nos últimos cinco anos o faturamento vem declinando lentamente juntamente com as margens de lucro, apesar dos investimentos efetuados nas ações de marketing dos produtos e serviços comercializados pela empresa.

Uma corrente de altos executivos da empresa compartilha a visão de que o mercado de venda de medicamentos nos Estados Unidos está entrando numa nova fase, na qual a competição por *market share* vai se tornar ainda mais acirrada.

Segundo estes executivos, o surgimento de empresas especializadas em medicamentos alternativos, à base de produtos naturais, está diminuindo consideravelmente a participação das empresas que atuam na venda de medicamentos tradicionais, tanto no varejo quanto no atacado.

Na medida em que este mercado encolhe, o espaço para empresas do tipo da The American Pharmacy se torna cada vez menor. Esta corrente advoga uma mudança substancial na estratégia de atuação da The American Pharmacy, que deveria passar a oferecer ao público americano tanto os medicamentos alternativos quanto os tradicionais e a manutenção dos canais de vendas atuais.

Uma segunda corrente dentro da empresa é da opinião de que a The American Pharmacy deveria concentrar todos os seus esforços na venda de medicamentos tradicionais, melhorando ainda mais a qualidade dos produtos e serviços que a empresa oferece aos seus clientes.

Na opinião desta corrente, a The American Pharmacy possui uma presença marcante no mercado da venda de medicamentos tradicionais no varejo. A marca The American Pharmacy é reconhecidamente um sinônimo de qualidade e seriedade em sua área de atuação, portanto não existe nenhuma razão para que a empresa modifique sua estratégia de atuação.

Na medida em que o mercado de venda de medicamentos tradicionais encolher, muito dos concorrentes da The American Pharmacy irão desaparecer, criando uma oportunidade única para que a empresa consolide, ainda mais, sua posição em um mercado de bilhões de dólares por ano.

Esta segunda corrente vem tentando obter o suporte necessário para levar adiante um projeto que permita a solicitação dos medicamentos comercializados pela THE AMERICAN PHARMACY via Internet. A entrega destes medicamentos ao consumidor final seria feita localmente em associação com empresas especializadas em *home delivery*, em até doze horas pelo NATIONAL EXPRESS[5] em todo o território americano continental e em até 24 horas no Havaí e em Porto Rico.

Desta forma, os clientes da THE AMERICAN PHARMACY não precisariam se deslocar até aos pontos de venda da empresa para obterem os medicamentos de que necessitam. A autorização para a venda de medicamentos controlados seria feita através de uma chave eletrônica fornecida pelos médicos cadastrados.

As solicitações de compra seriam feitas pelos clientes através do envio dos dados de seus cartões de crédito. Estes medicamentos só são enviados ao paciente para o endereço que constar no cartão de crédito se as informações fornecidas pelos clientes coincidirem com as fornecidas pelos seus respectivos médicos.

Como decorrência deste projeto, a presença da THE AMERICAN PHARMACY seria automaticamente estendida a todos os estados americanos. É importante mencionar que nenhuma empresa oferece este tipo de serviço nos Estados Unidos no momento, apesar desta estratégia de venda já ser utilizada com sucesso em alguns países europeus.

Há cerca de cinco meses, o CEO da THE AMERICAN PHARMACY, cedendo às pressões exercidas por alguns de seus colaboradores importantes, resolveu levar adiante a ideia de viabilizar a venda de medicamentos através da Internet e concentrar os esforços da empresa na comercialização de medicamentos tradicionais. Com esse objetivo em mente, o CIO da THE AMERICAN PHARMACY foi encarregado de montar uma equipe multidisciplinar para o desenvolvimento deste projeto.

---

5 NATIONAL EXPRESS é um nome fictício. O verdadeiro nome da empresa foi omitido por razões de confidencialidade.

O que já foi feito até o momento

Uma vez que o projeto de comercialização remota de medicamentos exige a coordenação de esforços provenientes tanto das áreas de marketing quanto da de tecnologia, um grupo de trabalho, com profissionais destas áreas, foi formado sob a coordenação geral da gerência de *database marketing* da empresa.

Este grupo de trabalho já vem trabalhando há algum tempo no planejamento geral do projeto e em alguns de seus aspectos operacionais. Neste ponto vários problemas começam a chamar a atenção do grupo.

Embora o salário pago aos integrantes do projeto seja baixo, o ambiente de desenvolvimento que pretendem utilizar é ultramoderno tanto no que tange ao *software*, especialmente as ferramentas de *data mining*, quanto ao *hardware*. Os fornecedores destes produtos são empresas de alta tecnologia com atuação em nível internacional. Apesar disso, algumas das pessoas alocadas ao projeto estão claramente insatisfeitas com a remuneração que recebem.

O orçamento colocado à disposição do projeto é adequado para a fase de planejamento (fase atual), porém, no momento, sua liberação está claramente condicionada à performance geral da empresa. É possível que as estimativas finais dos custos associados a cada fase do projeto (fase de execução) fiquem muito além das expectativas da alta gerência e, quanto maiores forem estes custos, maior será a chance do projeto ser cancelado.

A corrente que deseja que a The American Pharmacy passe a comercializar medicamentos alternativos está claramente contra a execução do projeto. Muitos de seus integrantes ocupam cargos de importância na hierarquia da empresa e constantemente criam dificuldades para o projeto.

Por onde começar?

O primeiro passo para utilizarmos o ferramental de análise de risco no projeto de comercialização de medicamentos da The American Pharmacy é definir os objetivos e critérios de sucesso do projeto.

Passo 1 – Identificar os objetivos do projeto. Neste caso, aumentar o faturamento da empresa através da venda de medicamentos pela Internet.

Passo 2 – Avaliar os fatores de risco. Um segundo passo consiste em criar uma lista dos fatores de risco a que o projeto está sujeito. Vamos listar alguns destes fatores de risco:

- FR1 – A comercialização de medicamentos controlados, via Internet, é legal nos diversos estados americanos?
- FR2 – A comunidade médica estará disposta a prescrever medicamentos para seus pacientes nos moldes imaginados pela The American Pharmacy?
- FR3 – A corrente que deseja que a The American Pharmacy passe a comercializar medicamentos alternativos tem força política suficiente para cancelar a execução do projeto ao longo do tempo?
- FR4 – Os profissionais que trabalham no projeto irão abandoná-lo em decorrência dos baixos salários oferecidos pela empresa?
- FR5 – Os recursos comprometidos com a fase de planejamento do projeto serão liberados pela The American Pharmacy nas datas previamente acordadas?
- FR6 – As estimativas finais do custo de execução do projeto serão tão altas que irão inviabilizá-lo financeiramente?
- FR7 – Será que as plataformas de *software* e *hardware*, que serão utilizadas no projeto, são suficientemente estáveis de forma a não minar as chances de sucesso de um projeto da envergadura de uma comercialização de medicamentos via Internet?

Preenchendo a Ficha de Controle de Risco

Uma vez que os objetivos do projeto e seus respectivos fatores de risco tenham sido identificados, cabe à pessoa designada como responsável por cada um dos fatores de risco preencher uma ficha de controle de risco.

A seguir, você irá encontrar preenchida uma ficha de controle de risco para um dos fatores que acabamos de identificar. Preenchemos a ficha de controle de risco para um dos fatores de risco mais significativos da lista anterior, isto é, o Fator de Risco 6, o possível cancelamento do projeto devido aos altos custos de implementação.

Observe que este fator de risco impacta apenas sobre o objetivo de qualidade, uma vez que aquilo que foi acordado com a empresa contratante, isto é, a implementação do *site* de comercialização de medicamentos via Internet, não vai ser realizado na sua totalidade.

<table>
<tr><td colspan="3">Identificação: ECP 03</td><td colspan="4">Ficha de Controle de Risco</td><td>Criada em: 3/2/1999</td></tr>
<tr><td colspan="7">Matriz de Impacto X Probabilidade</td><td rowspan="5">Fator de risco: É possível que as estimativas finais do custo de execução do projeto estejam muito além das expectativas da alta gerência.</td></tr>
<tr><td>MAlt</td><td></td><td></td><td></td><td></td><td>Q</td><td></td></tr>
<tr><td>Alt</td><td></td><td></td><td></td><td></td><td></td><td></td></tr>
<tr><td>Med</td><td></td><td></td><td></td><td></td><td></td><td></td></tr>
<tr><td>Bx</td><td></td><td></td><td></td><td></td><td></td><td></td></tr>
<tr><td>MBx</td><td></td><td></td><td></td><td></td><td></td><td></td><td rowspan="7">Risco: Se as estimativas finais estiverem muito além das expectativas da alta gerência, então o projeto será cancelado.</td></tr>
<tr><td>Nula</td><td></td><td></td><td></td><td></td><td></td><td></td></tr>
<tr><td></td><td>Nula</td><td>MBx</td><td>Bx</td><td>Med</td><td>Alt</td><td>MAlt</td></tr>
<tr><td colspan="7">Dimensões de Risco</td></tr>
<tr><td colspan="2">$ = Custo</td><td colspan="3">T = Tempo</td><td colspan="2">P = Político</td></tr>
<tr><td colspan="2">L =Legal</td><td colspan="3">C = Comercial</td><td colspan="2">Q =Qualidade</td></tr>
<tr><td colspan="5">Responsável: William Albuquerque</td><td colspan="3">Origem: Antonio Alencar</td></tr>
</table>

Figura 3.10. Ficha de controle de risco

Estratégia de Contenção
1. Conscientizar os altos executivos da empresa de que os sistemas de informação e o processo de entrega a serem desenvolvidos para a venda de medicamentos tradicionais são, basicamente, os mesmos que seriam utilizados para a venda de outros tipos de medicamentos, em especial dos alternativos. Portanto, do ponto de vista tecnológico e do logístico, não existem razões para que a empresa não possa implementar a venda dos dois tipos de medicamentos concomitantemente.
2. Dado que milhões de pessoas estariam fazendo uso do serviço de compra de medicamentos através do *site*, quando este for implantado, deveríamos procurar no mercado parceiros que estivessem dispostos a dividir os custos do projeto. Estes parceiros poderiam recuperar o investimento realizado no projeto através da venda de anúncios para terceiros ou da veiculação de anúncios de suas respectivas empresas, reduzindo o custo total do projeto para a The American Pharmacy.
3. Os fabricantes do software e hardware a serem utilizados no projeto são candidatos naturais a participarem do projeto.
4. Averiguar junto a empresas europeias o custo de aquisição e customização dos sistemas de comercialização de medicamentos via Internet que desenvolveram.
5. Averiguar junto ao mercado a possibilidade de comprar um sistema de venda de outros produtos via Internet, fazendo as customizações adequadas.
Plano de Contingência: propor a compra de um sistema europeu de comercialização de medicamentos via Internet ou de um sistema de venda de produtos similares como forma de reduzir o custo do projeto.
Disparar Plano de Contingência: durante a reunião dos altos executivos da empresa, se o projeto estiver a ponto de ser cancelado.

Figura 3.11. Planos de contenção e contingência.

Exercícios

1. Dentre as opções a seguir, quais são as atividades básicas do processo de análise de risco?
   a) Análise de impacto e probabilidade.
   b) Elaboração de planos de contenção e contingência.
   c) Identificação de riscos.

d) Monitoramento de risco.

e) Todas as respostas anteriores.

2. Quando a atividade de análise de risco deve ser executada?

a) A qualquer hora, desde que não atrapalhe outras atividades do projeto.

b) Continuamente durante todo o decorrer do projeto.

c) Uma única vez em qualquer fase do projeto.

d) Uma única vez no início do projeto.

3. Combine corretamente a coluna da direita com a coluna da esquerda.

a) Fase de análise de impacto e probabilidade	[ ]	Avalia-se o impacto de cada fator de risco sobre o projeto, assim como a probabilidade de que cada um deles venha a prejudicar o projeto.
b) Fase de elaboração de planos de contenção e contingência	[ ]	O gerente do projeto e sua equipe procuram identificar os riscos a que o projeto está exposto.
c) Fase de identificação de risco	[ ]	Procura-se estabelecer cursos de ação que diminuam a probabilidade de cada fator de risco vir a afetar o projeto e que minimizem o seu impacto sobre o projeto caso eles venham a se realizar.
d) Fase de monitoramento	[ ]	Verifica-se a eficácia dos planos de contenção e contingência.

4. Dentre os itens a seguir qual não faz parte da ficha de controle de risco?

a) Análise de impacto e probabilidades.

b) Descrição do risco.

c) Histórico dos acontecimentos.

d) Planos de contenção e contingência.

e) Avaliação do grau de alinhamento do projeto com as estratégias de negócio.

5. Por que é importante que sempre exista uma pessoa responsável pelo acompanhamento de cada fator de risco identificado em um projeto?
   a) Fatores de risco pelos quais ninguém é responsável vão certamente receber críticas dos auditores externos.
   b) Fatores de risco pelos quais ninguém é responsável, ou pelos quais todos são responsáveis, tendem a ser facilmente negligenciados.
   c) Para poder colocar a culpa em alguém, caso alguma coisa saia errada.
   d) Nenhuma das respostas anteriores.
6. Por que o nome da pessoa responsável pela identificação do risco deve ser registrado na ficha de controle de risco?
   a) Para que possamos, mais tarde, dirimir dúvidas sobre o fator de risco.
   b) Por cortesia profissional.
   c) Trata-se de uma exigência dos auditores externos ao projeto.
   d) Trata-se de uma exigência legal.
7. Por que uma ficha de risco deve conter informações de contexto?
   a) De outra forma ninguém vai poder entender nenhuma das informações contidas em uma ficha de controle de risco.
   b) Os auditores externos exigem que esse tipo de informação seja incluído em cada uma das fichas de controle de risco.
   c) Para ajudar a avaliar a probabilidade do fator de risco se realizar e o seu impacto sobre o projeto.
   d) Para facilitar a compreensão dos fatores de risco identificados em um projeto por pessoas e organizações que não estejam envolvidos no dia a dia do projeto.
8. Qual a utilidade de uma matriz de impacto e probabilidade?
   a) Ajuda a economizar os recursos alocados para um projeto, especialmente os recursos de natureza financeira.
   b) Auxilia na elaboração de estimativas precisas sobre o custo e a duração de um projeto.

c) Facilita o processo de negociação de prazo e custo com os clientes.

d) Indica a probabilidade de realização de fatores de risco, assim como a probabilidade destes fatores virem a prejudicar o projeto.

9. O que são fatores de escala?

a) Determinam a probabilidade de uma escala vir a se realizar.

b) Rótulos atribuídos a determinados valores em uma escala de valores.

c) São elementos que podem prejudicar o bom andamento de uma escala de serviço.

d) Nenhuma das respostas anteriores.

10. Quando um fator de risco tem impacto no tempo de projeto?

a) Quando ele exige aumento dos recursos alocados ao projeto.

b) Quando ele implica no aumento do tempo acordado para realização do projeto.

c) Quando ele implica no aumento dos custos do projeto.

d) Quando ele tem reflexos políticos na condução do projeto.

11. Por que devemos atribuir significado aos fatores de escala?

a) Para evitar ruídos de comunicação.

b) Para que as avaliações de impacto e probabilidade possam ser feitas com maior precisão.

c) Para que todos os integrantes do projeto possuam o mesmo grau de compreensão do significado dos diversos fatores de escala.

d) Todas as respostas anteriores.

12. Por que muitas empresas não praticam análise de risco?

a) A natureza do negócio a que se dedicam dispensa a análise de risco.

b) Ao longo do tempo desenvolveram uma cultura de aversão ao risco.

c) Desconhecem o assunto.

d) Todas as respostas anteriores.

Respostas dos Exercícios

1. e
2. b
3. a. Avalia-se o impacto de cada ...

   b. Procura-se estabelecer cursos de ação ...

   c. O gerente do projeto e sua equipe ...

   d. Verifica-se a eficácia dos planos ...
4. e
5. b
6. a
7. d
8. d
9. b
10. b
11. d
12. b

4. Estabelecendo Prioridades entre Fatores de Risco

AO FINAL DESTE CAPÍTULO VOCÊ DEVERÁ SABER:

Por que nem todos os fatores de risco devem ser mitigados.
Como determinar se um fator de risco deve ser mitigado ou não.
Como estabelecer prioridades entre diferentes fatores de risco.
Por que devemos atribuir pesos aos fatores de escala.
Como estabelecer prioridades entre fatores de risco quando os recursos se tornam escassos.

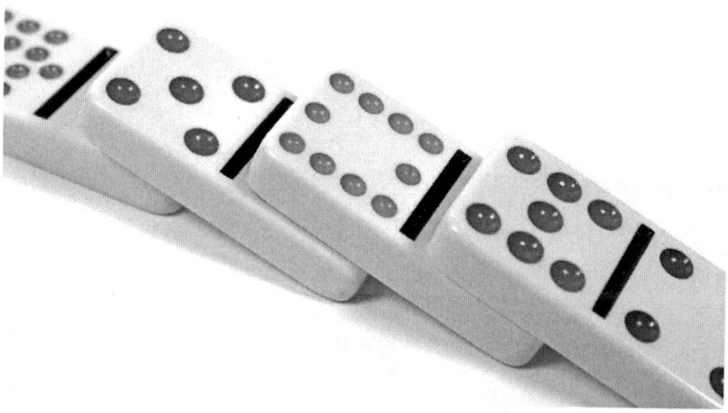

Nem todos os fatores de riscos devem ser mitigados

A despeito do diversificado ferramental que a Gerência de Risco coloca à nossa disposição, existem, em todo projeto, fatores de risco que não valem a pena serem tratados, isto é, para os quais o estabelecimento de planos de contenção e contingência não se justifica; em outras palavras, este fator de risco será descartado.

Por exemplo, todas as vezes que desenvolvemos um produto com fins comerciais, corremos o risco de que um de nossos concorrentes venha a lançar, primeiro, um produto semelhante ao nosso, ganhando participação no mercado e espaço na mente dos consumidores. Isto é, usando nossa linguagem formal, que o nosso objetivo de ganhar uma participação no mercado pode ser afetado pelo fator de risco – "Concorrente lança um produto equivalente antes do nosso" .

Este fator de risco somente poderia ser eliminado se pudéssemos entrar instantaneamente com um novo produto no mercado, o que é impossível. Como não podemos evitar a ocorrência deste fator de risco, ele terá de ser contido e contigenciado. Isto é, para mitigar este risco, muitas empresas estão dispostas a realizar investimentos significativos para finalizar seus projetos de desenvolvimento de novos produtos antes do prazo estabelecido, garantindo com isso uma fatia maior do mercado.

Entretanto, se, a despeito de todos os nossos esforços, nenhum concorrente pôde ser identificado, então despender recursos para mitigar o risco de um concorrente hipotético lançar um produto semelhante ao nosso está longe de ser uma decisão que possa ser plenamente justificada frente às pessoas e organizações que estão apoiando financeiramente o projeto.

É importante notar que, neste caso, a dificuldade de despender recursos para mitigar as ações de concorrentes hipotéticos não é a sua inexistência, é a nossa incapacidade de conseguir identificá-los!

Um outro exemplo de interesse são as alterações que o governo efetua, vez por outra, na política econômica. Em geral, para diminuir a ação maléfica de oportunistas, o governo evita divulgar, ou mesmo dar indicações, das medidas que irá tomar até o momento adequado.

Se o seu projeto está exposto a riscos desta natureza e você não tem acesso a informações privilegiadas sobre mudanças na condução da política econômica, então é muito provável que você só tome conhecimento destas alterações quando for tarde demais para fazer alguma coisa a respeito.

Existem também os riscos cujo custo de mitigação, isto é, tanto o custo de contenção e de contingenciamento são proibitivos para a maioria dos projetos.

Quando a Apolo 11 deixou Cabo Kennedy, na Flórida, em 16 de julho de 1969, com destino à lua, levando a bordo o Comandante Neil Armstrong e os pilotos Michael Collins e Edwin (Buzz) Aldrin, a NASA[6] não possuía nenhum plano de resgate (contingência) para os astronautas, caso alguma coisa saísse errado após a cápsula deixar a órbita terrestre. Um plano de resgate, que fosse efetivo, era simplesmente caro demais.

Os riscos que devem ser mitigados

Bom, se nem todos os fatores de riscos podem ser mitigados, então a pergunta que fica no ar é: dentre os fatores de riscos a que um projeto está sujeito, que fatores devem ser mitigados?

Para responder esta pergunta, precisamos da ajuda de um pouco de matemática, complementada por um exemplo prático.

Seja **P** a probabilidade de um determinado fator de risco vir a se realizar, **I** o impacto deste fator sobre o projeto e **C** o custo necessário para mitigá-lo, isto é, executar com sucesso uma ou mais atividades de contenção e contingência, do ponto de vista estritamente financeiro, só vale a pena mitigar um risco no qual

$$\mathbf{C} < \mathbf{I} \times \mathbf{P}$$

Observe que, na inequação (desigualdade) acima, $\mathbf{I} \times \mathbf{P}$ é o valor esperado do impacto do fator de risco sobre o projeto, isto é, o prejuízo que se espera que o fator de risco irá causar ao projeto, caso ele venha a se realizar. Por exemplo, se o impacto de um fator de risco sobre um determinado projeto for R$ 10 mil e a probabilidade deste fator de risco se realizar é de 0,2, então o impacto esperado do fator de risco é R$ 2 mil = R$ 10 mil × 0,2.

Portanto, de acordo com a fórmula, só vale a pena mitigar um risco no qual o custo de mitigação (**C**) for menor do que o impacto esperado do fator de risco sobre o projeto ($\mathbf{I} \times \mathbf{P}$).

[6] National Space Agency, ou seja, a agência espacial nacional dos Estados Unidos

Este não é, entretanto, o único critério que deve nortear nossas decisões de mitigar ou não determinados fatores de risco.

Para que valha a pena mitigar um fator de risco é necessário também que o custo de mitigação (**C**) seja menor do que o valor do projeto para a organização (**V**), isto é,

$$\mathbf{C} < \mathbf{V}$$

Em outras palavras, se o custo de mitigar um fator de risco for R$ 200 mil e o projeto vai trazer de retorno para a organização o equivalente a R$ 150 mil, então mitigar este risco não é uma ação que possa ser facilmente justificada.

Observe que as inequações $\mathbf{C} < \mathbf{I} \times \mathbf{P}$ e $\mathbf{C} < \mathbf{V}$ procuram garantir que o investimento realizado na mitigação de um fator de risco é justificável do ponto de vista financeiro.

Nos casos em que $\mathbf{C} \geq \mathbf{I} \times \mathbf{P}$, o custo necessário para mitigar o fator de risco é maior ou igual ao prejuízo que se espera que ele possa vir a causar. Em geral, não vale a pena mitigar fatores de riscos deste tipo.

Os casos nos quais $\mathbf{C} \geq \mathbf{V}$, também não devem ser mitigados, uma vez que o prejuízo que se espera que o fator de risco irá causar é maior do que o valor do projeto como um todo.

Uma boa estimativa para **P** pode ser obtida diretamente da ficha de controle de risco apresentada no Capítulo 2. O ferramental necessário para se estimar **C**, **I** e **V** será apresentado ao longo dos próximos capítulos.

Um risco que vale a pena ser mitigado

Tome como exemplo a execução da nova campanha de marketing direto da FERGUTTI, uma cadeia de lojas de móveis, com dezenas de filiais no sul do país[7].

[7]FERGUTTI é um nome fictício. O verdadeiro nome da empresa foi omitido por razões de confidencialidade.

A empresa pretende investir nesta campanha R$ 100 mil. Caso a campanha seja um sucesso, calcula-se que a empresa possa lucrar até R$ 10 milhões. Entretanto, como esta é a primeira vez que a Fergutti realiza uma campanha de marketing direto, os especialistas de marketing da empresa têm dificuldade de estimar, com precisão, o retorno do investimento a ser realizado.

Numa reunião realizada com os diversos diretores da empresa, a equipe de marketing estimou que existe uma chance de 50% da campanha ser um sucesso, isto é, apresentar um resultado financeiro positivo, e 50% dela ser um fracasso, apresentando um resultado negativo.

Na reunião, Enrico Cipriani[8], Gerente de Marketing da empresa, sugeriu a realização de um teste de mercado como estratégia para contornar o problema, reduzindo as incertezas associadas às estimativas de retorno dos investimentos a serem realizados.

Neste tipo de teste, um pequeno grupo de clientes da empresa, escolhidos aleatoriamente do banco de dados corporativo, é exposto aos mesmos elementos da campanha que futuramente chegará às mãos dos demais clientes.

De acordo com o resultado do teste, pode-se estimar o resultado da campanha como um todo, caso ela venha a ser executada. O custo da realização do teste de mercado é R$ 3 mil.

Observe que, neste caso, o custo de mitigação, **C**, é R$ 3 mil, o impacto do fator de risco sobre o projeto, **I**, é R$ 100 mil (se a campanha for um fracasso total, todo o dinheiro investido será perdido), e o valor do projeto, **V**, é R$ 10 milhões.

Como, neste caso, $\mathbf{C} < \mathbf{I} \times \mathbf{P}$, isto é, R$ 3 mil $\leq$ R$ 100 mil $\times$ 0,5, e $\mathbf{C} < \mathbf{V}$, isto é, R$ 3mil < R$ 10 milhões, este é um fator de risco que vale a pena ser mitigado.

É importante mencionar que R$ 100 mil é o limite inferior do prejuízo que o fator de risco pode causar à Fergutti. Caso o resultado da campanha seja

[8]Nome fictício. O nome verdadeiro do gerente foi omitido para proteger os envolvidos

um completo fracasso, este valor será, certamente, excedido. Afinal, campanhas de marketing que falham abrem espaço para ações da concorrência, ao mesmo tempo em que enfraquecem a presença da empresa na mente dos consumidores.

Que fatores de risco devem ser mitigados primeiro?

Como, no mundo real, a execução de qualquer projeto está associada à existência de um orçamento no qual os recursos são limitados, o gerente do projeto possui, em geral, uma certa quantidade de recursos que podem ser alocados para o processo de Gerência de Risco. Como consequência, nem todos os fatores de risco que ameaçam o sucesso de um projeto podem ser mitigados.

Se, devido a restrições financeiras, nem todos os fatores de riscos podem ser mitigados, então se torna imperativo que aqueles que valem a pena ser mitigados sejam ordenados de acordo com sua importância relativa.

Estabelecer a importância relativa de fatores de risco significa poder afirmar, por exemplo, que o risco de um projeto vir a ser cancelado devido à saída do executivo patrocinador da empresa é mais importante do que o risco dele vir a ser cancelado devido à escassez, momentânea, de recursos financeiros, ou vice-versa.

Se você está se perguntado como isso pode ser feito, então você certamente ficará satisfeito de saber que, embora a tarefa possa parecer complexa, ela é, na verdade, bastante simples de ser respondida a partir das informações contidas na ficha de controle de risco.

Atribuindo pesos aos fatores de escala

Você, com certeza, se recorda do tempo em que frequentava os bancos escolares. Portanto não deve ser difícil imaginar a existência de uma disciplina onde os estudantes são solicitados a participarem de trabalhos em grupo, realizarem trabalhos individuais e a responderem questões de uma prova, como parte do processo para obtenção da avaliação final.

Suponha que o professor responsável pela disciplina tenha resolvido adotar o seguinte critério de avaliação:

$$N_F = \frac{(1 \times T_G) + (2 \times T_I) + (3 \times P_R)}{(1+2+3)},$$

onde $\mathbf{N_F}$ é a nota final a ser atribuída aos participantes, $\mathbf{T_G}$ é a nota atribuída aos trabalhos em grupo, $\mathbf{T_I}$ é a nota atribuída aos trabalhos individuais e $\mathbf{P_R}$ é a nota atribuída à prova.

Observe que a fórmula apresentada produz, como resultado, uma média ponderada, por pesos, das notas obtidas nos trabalhos realizados pelos estudantes, individualmente e em grupo, e a nota obtida na prova.

Ao estudante que tenha obtido 9 nos trabalhos em grupo, 8 nos trabalhos individuais e 7 na prova final, por exemplo, será atribuída a nota final:

$$7{,}67 = \frac{(1 \times 9) + (2 \times 8) + (3 \times 7)}{(1+2+3)}$$

A escolha dos pesos, que são quantidades sem dimensões, isto é, não representam medidas de distância, tempo, volume, massa etc., são puramente arbitrárias e dependem do bom senso e da experiência do professor responsável pela disciplina.

O uso de pesos permite que o professor diferencie a contribuição de cada uma das atividades realizadas pelos estudantes, no processo de avaliação da disciplina.

Para priorizar o tratamento dos riscos a que um projeto está sujeito vamos utilizar, basicamente, o mesmo ferramental.

No Capítulo 2, atribuímos significado aos fatores de escala, com o intuito de facilitar o processo de identificação da probabilidade de realização do fator de risco e do impacto que ele possivelmente iria causar no projeto. Agora, vamos associar pesos aos mesmos fatores de escala.

A Figura 4.1 mostra como esta associação pode ser feita com os fatores de escala utilizados para registrar a probabilidade de um determinado risco vir a se realizar.

Fatores de Escala	Probabilidade	Peso
Nulo	0% a 9%	0
Bx	10% a 29%	0,1
MBx	30% a 49%	0,3
Méd	50% a 69%	0,5
Alt	70% a 89%	0,7
MAlt	Maior que 90%	0,9

Figura 4.1. Associando pesos à probabilidade de um determinado risco vir a se realizar

Na Figura 4.2, efetuamos o mesmo tipo de associação com os fatores de escala utilizados para registrar o impacto dos riscos sobre o projeto. Observe que estamos associando um único conjunto de pesos, isto é: 0, 0,05, 0,1, 0,2, 0,4 e 0,8, a cada uma das dimensões de risco consideradas relevantes pelo gerente do projeto.

Fatores de Escala	Impacto Sobre o Tempo de Projeto (atraso em semanas)	Impacto Sobre o Custo de Projeto (% sobre o custo original)	Impacto Sobre a Qualidade (classificação da funcionalidade mais importante)	Peso
Nulo	0	0%	Nenhuma Funcionalidade Será Afetada	0
Bx	1	1% a 4%	Totalmente Irrelevante	0,05
MBx	2	5% a 8%	Pouco Importante	0,1
Méd	3	9% a 12%	Importante	0,2
Alt	5	13% a 16%	Muito Importante	0,4
MAlt	Maior que 5	Acima de 16%	Essencial	0,8

Figura 4.2. Associando pesos ao impacto de um determinado risco sobre o projeto

Como os pesos e os fatores de escala são transformados em prioridade

Para ordenar os fatores de risco a que um projeto está sujeito de acordo com sua importância relativa, basta calcular, para cada risco, o valor médio do impacto causado pelo fator em cada um dos objetivos do projeto, ponderada pelos pesos associados à probabilidade de cada fator de risco vir a se realizar. Essa ideia é formalizada pela fórmula:

$$\sum_{D=\{\$,T,P,L,C,Q\}} I_D \times P ,$$

onde **D** é o conjunto dos diversos objetivos considerados no processo de análise de risco ($\$ \rightarrow$ Custo, T $\rightarrow$ Tempo, Q $\rightarrow$ Qualidade, P $\rightarrow$ Política etc.), $\mathbf{I_D}$ é o impacto do risco na dimensão **D** e **P** é a probabilidade do risco vir a se realizar. A este valor damos o nome de índice de importância relativa de risco, ou, simplesmente, de índice de importância de risco.

Se a fórmula lhe parecer criptográfica, não se desespere, ela é na verdade bastante simples e pode ser facilmente compreendida através de um exemplo prático. Neste sentido, considere a matriz de impacto e probabilidade apresentada na Figura 4.3.

Risco ABC 23						
Matriz de Impacto X **Probabilidade**						
MAlt					C, P	
Alt					T, $	
Med						
Bx						
MBx						
Nula						
	Nula	**MBx**	**Bx**	**Med**	**Alt**	**MAlt**
Dimensões de Risco						
$ = Custo		T = Tempo			P = Político	
L =Legal		C = Comercial			Q =Qualidade	

Figura 4.3. Matriz de impacto e probabilidade

Para cada uma das dimensões de risco utilizadas na matriz, calculamos o somatório do peso atribuído a esta dimensão, multiplicado pelo peso atribuído à probabilidade do risco vir a ocorrer. Veja a Figura 4.4. O valor final deste somatório, 1,68, é um indicador da importância deste risco em relação aos outros riscos que estejam associados ao mesmo projeto.

Dimensões	Pesos			Total
Comercial:	0,7	×	0,8	0,56
Político:	0,7	×	0,8	0,56
Tempo:	0,7	×	0,4	0,28
Custo:	0,7	×	0,4	0,28
			Soma	1,68

Figura 4.4. Índice de importância do fator de risco ABC 23

Observe que uma matriz de impacto e probabilidade, na qual a probabilidade do risco ocorrer seja maior do que a do risco ABC 23, ou que registre que um número maior de dimensões serão impactadas pela realização do risco, tende a produzir um índice de importância de risco de valor mais elevado. A matriz de impacto apresentada na Figura 4.5 satisfaz a estas condições.

Risco NKZ 45						
Matriz de Impacto X Probabilidade						
MAlt					C, P, Q	
Alt					T, $, L	
Med						
Bx						
MBx						
Nula						
	Nula	**MBx**	**Bx**	**Med**	**Alt**	**MAlt**
Dimensões de Risco						
$ = Custo	T = Tempo	P = Político				
L =Legal	C = Comercial	Q =Qualidade				

Figura 4.5. Matriz de impacto e probabilidade

A Figura 4.6 mostra o índice de importância relativo ao risco NKZ 45. Observe que este índice é maior que o associado ao risco ABC 23, justamente porque NKZ 45 impacta sobre um número maior de dimensões.

Dimensões	Produtos de Pesos			Total
Comercial	0,7	×	0,8	0,56
Político	0,7	×	0,8	0,56
Qualidade	0,7	×	0,8	0,56
Tempo	0,7	×	0,4	0,28
Custo	0,7	×	0,4	0,28
Legal	0,7	×	0,4	0,28
			Soma	2,24

Figura 4.6. Índice de importância do risco NKZ 45

A Figura 4.7 mostra como cada célula da matriz de impacto e probabilidade contribui para o cálculo do índice de importância de risco. Cada dimensão de risco registrada na célula [MAlt,MAlt], por exemplo, contribui com 0,73 para o cálculo do índice, enquanto cada risco registrado na célula [Alt,Alt] contribui com 0,28. As células que contribuem mais fortemente para formação do índice estão hachuradas de preto.

Matriz de Impacto X Probabilidade						
MAlt	0	0,08	0,24	0,24	0,56	0,72
Alt	0	0,04	0,12	0,12	0,28	0,36
Med	0	0,02	0,06	0,06	0,14	0,18
Bx	0	0,01	0,03	0,03	0,07	0,09
MBx	0	0,01	0,02	0,02	0,04	0,05
Nula	0	0	0	0	0	0
	Nula	**MBx**	**Bx**	**Med**	**Alt**	**MAlt**

Dimensões de Risco		
$ = Custo	T = Tempo	P = Político
L =Legal	C = Comercial	Q =Qualidade

Figura 4.7. Contribuição de cada célula da matriz de impacto e probabilidade para o cálculo do índice de importância de um fator de risco

Uma vez que o gerente do projeto tenha calculado o índice de importância de risco, para cada um dos fatores de risco que valem a pena serem mitigados, basta ordenar, decrescentemente, estes riscos por seus índices e, dentro dos recursos disponíveis, começar a mitigar os riscos do topo. A Figura 4.8 mostra uma lista deste tipo.

Identificador do Risco	Índice de Importância
NKZ 45	2,24
ABC 23	1,68
GSF	0,83
AKJ	0,44
⋮	⋮

Figura 4.8. Lista de riscos ordenada por sua importância relativa

Em muitas situações, é possível que o gerente de projetos possa fazer uma economia substancial de recursos agrupando os fatores de riscos a que seu projeto está sujeito em categorias.

Muitos riscos possuem planos de contenção e contingência comuns. Portanto, ao mitigar o risco de uma dessas categorias, ele estará, na verdade, mitigando um conjunto de riscos. Os recursos que forem economizados com esta estratégia podem, obviamente, ser utilizados para mitigar outros riscos, aumentando as chances de sucesso do projeto.

Tirando o máximo do índice de importância relativa

Nos dias de hoje, o ambiente onde projetos são executados é extremamente dinâmico, especialmente em se tratando de projetos complexos de longa duração.

Diante de uma situação na qual o custo ou tempo de projeto se tornam recursos escassos, o gerente do projeto pode ajustar os pesos utilizados para dar prioridades aos fatores de risco, de forma a favorecer aqueles que impactam mais fortemente sobre o recurso que é escasso.

A Figura 4.9 mostra como os pesos podem ser alterados para favorecer os fatores de riscos que impactam sobre o custo do projeto. Observe que estes pesos foram obtidos dobrando os pesos apresentados na Figura 4.2.

Fatores de Escala	Impacto Sobre o Custo de Projeto (% sobre o custo original)	Peso
Nulo	0%	0
Bx	1% a 4%	0,1
MBx	5% a 8%	0,2
Méd	9% a 12%	0,4
Alt	13% a 16%	0,8
MAlt	Acima de 16%	1,6

Figura 4.9. Pesos que favorecem riscos que impactam sobre o objetivo custo

A Figura 4.10 mostra o índice de importância do fator de risco ABC 23 calculado a partir dos pesos da Figura 4.9.

Dimensões	Pesos			Total
Comercial	0,7	×	0,8	0,56
Político	0,7	×	0,8	0,56
Tempo	0,7	×	0,4	0,28
Custo	0,7	×	0,8	0,56
			Soma	1,96

Figura 4.10. Novo índice de importância do fator de risco ABC 23

Exercícios

1. Já que nem todos os fatores de risco vale a pena serem mitigados, dentre os fatores a seguir quais **não** vale a pena serem mitigados?
   a) Fatores de riscos que, a despeito de nossos esforços, não conseguimos identificar.
   b) O custo de mitigação do fator de risco é maior do que o valor do projeto para a organização.
   c) O custo de mitigação do fator de risco é maior do que o impacto esperado deste fator no projeto.
   d) Todas as respostas anteriores.

2. Seja **P** a probabilidade de um determinado fator de risco vir a se realizar, **I** o impacto deste fator sobre o projeto, **C** o custo necessário para mitigá-lo e **V** o valor do projeto para a organização. Qual das inequações seguintes impõe uma restrição coerente sobre os fatores que vale a pena serem mitigados?
   a) $\mathbf{C} < \mathbf{I} \times \mathbf{P}$ e $\mathbf{C} < \mathbf{V}$
   b) $\mathbf{C} \geq \mathbf{I} \times \mathbf{P}$ e $\mathbf{C} < \mathbf{V}$
   c) $\mathbf{C} < \mathbf{I} \times \mathbf{P}$ e $\mathbf{C} \geq \mathbf{V}$
   d) $\mathbf{C} \geq \mathbf{I} \times \mathbf{P}$ e $\mathbf{C} \geq \mathbf{V}$
   e) Nenhuma das respostas anteriores

3. Se o impacto de um fator de risco sobre o projeto é R$ 5 mil e a probabilidade deste fator causar este impacto é 0,25, então o impacto esperado deste fator de risco é:
   a) R$ 1.200,00
   b) R$ 1.250,00
   c) R$ 1.300,00
   d) R$ 1.350,00

4. Com que finalidade atribuímos pesos aos fatores de escala?
   a) Estabelecer prioridade entre fatores de risco.

b) Estimar, com maior precisão, a probabilidade de fatores de risco virem a impactar negativamente sobre o projeto.

c) Facilitar o cálculo do impacto do risco sobre o projeto.

d) Nenhuma das respostas anteriores.

5. O que é índice de importância relativa de risco?

a) É o valor médio do impacto causado pelo fator de risco em cada uma das dimensões de risco, ponderada pelos pesos associados à probabilidade de cada fator de risco vir a se realizar.

b) Índice que mede a variação da inflação mensal ponderada pela variação mensal da taxa de câmbio do dólar americano.

c) Razão entre a probabilidade de um fator vir a assumir um valor que prejudique o sucesso de um projeto e o impacto que este risco causa ao projeto.

d) Nenhuma das respostas anteriores.

6. Se **D** é o conjunto das diversas dimensões de risco consideradas no processo de análise de risco, $\mathbf{I_D}$ é o impacto do risco na dimensão **D** e **P** é a probabilidade do risco vir a se realizar, então

$$\sum_{D=\{\$,T,P,L,C,Q\}} I_D \times P$$

nos fornece

a) A soma ponderada das probabilidades de diversos fatores de risco prejudicarem o sucesso de um projeto.

b) O índice de importância relativa de um fator de risco.

c) O produto do índice de importância de um fator de risco pela probabilidade de ocorrência de um fator de risco.

d) Nenhuma das respostas anteriores.

Na resolução dos exercícios que se seguem, considere a matriz de impacto e probabilidade que se segue:

Risco NKZ						
Matriz de Impacto X Probabilidade						
MAlt					Q	
Alt					P	
Med					T	
Bx					$	
MBx						
Nula						
	Nula	**MBx**	**Bx**	**Med**	**Alt**	**MAlt**
Dimensões de Risco						
$ = Custo		T = Tempo			P = Político	
L =Legal		C = Comercial			Q =Qualidade	

7. A probabilidade do fator de risco NKZ de realizar é
   a) Nula
   b) Muito Baixa
   c) Baixa
   d) Média
   e) Alta
   f) Muito Alta

8. O impacto do fator de risco NKZ sobre a dimensão custo é:
   a) Nulo
   b) Muito Baixo
   c) Baixo
   d) Médio
   e) Alto
   f) Muito Alto

9. Considerando os pesos apresentados nas Figuras 4.1 e 4.2, o índice de importância relativa do fator de risco NKZ é
   a) 1,05

b) 1,20

c) 1,25

d) 1,40

e) 1,45

10. Diante de uma situação na qual o custo ou tempo de projeto se tornam recursos extremamente escassos, o gerente do projeto pode:

    a) Ajustar os pesos utilizados para dar prioridades aos riscos, de forma a favorecer aqueles que impactam mais fortemente sobre o recurso que é escasso.

    b) Dobrar os pesos utilizados para dar prioridade aos fatores de risco.

    c) Ignorar os pesos utilizados para dar prioridade aos fatores de risco.

    d) Reduzir os pesos utilizados para dar prioridade aos fatores de risco pela metade.

Respostas dos Exercícios

1. d
2. a
3. b
4. a
5. a
6. b
7. e
8. c
9. a
10. a

5. Modelagem e Análise de Riscos Quantitativos

AO FINAL DESTE CAPÍTULO VOCÊ DEVERÁ SABER:

O que são fatores de risco qualitativos e quantitativos.

O que são processos estocásticos.

Por que processos estocásticos são importantes para a análise de risco.

Como tabelas e gráficos de distribuição de probabilidade podem ser utilizados como estimadores de risco.

Os dados quanto à sua natureza

Ao coletarmos valores sobre os quais vamos realizar análises, é importante ficarmos atentos às operações matemáticas que podem ser executadas sobre estes valores, já que nem todos os tipos de valores se prestam a serem manipulados por todos os tipos de operações.

Por exemplo, sobre dados tais como altura, peso e quantidade podem ser executadas tanto operações matemáticas simples tais como: soma, subtração, divisão e multiplicação, quanto operações matemáticas mais complexas tais como raiz quadrada, logaritmo e exponenciação.

Entretanto, as mesmas operações não podem ser executadas sobre dados tais como sexo, estado civil e profissão.

Se em uma mesma sala encontramos dois advogados, um engenheiro, três médicos, um filósofo e quatro zoólogos, então, em média, qual é a profissão que é representada como resultado da mistura destes profissionais?

A resposta a essa pergunta é nenhuma! As operações de soma e divisão requeridas para se calcular a média não podem ser executadas sobre profissões.

Operações deste tipo (soma, subtração, média etc.) também não podem ser executadas sobre dados tais como sexo, estado civil, endereço, número de telefone etc.

As escalas de mensuração são uma das formas mais comumente utilizadas para classificar diferentes tipos de valores. Para cada escala de mensuração existe um conjunto de operações que, ao serem executadas sobre os dados, produzem resultados que possuem significado.

Existem, basicamente, quatro tipos de escalas de mensuração, a saber: escala nominal, escala ordinal, escala intervalar e escala de razão. As escalas variam de acordo com o tipo de características que incorporam.

De acordo com um conjunto de propriedades, as escalas podem ser classificadas em:

- **Nominais** – quando os valores da escala não possuem nenhuma relação entre si. Por exemplo, uma escala para os principais fabricantes nacionais de automóveis de passeio é dado por { Fiat, Peugeot, Renault, Volkswagen, Mercedes, Chevrolet, Ford }.

- **Ordinais** – quando existe uma relação de ordem entre os valores da escala. Por exemplo, os diversos conceitos atribuídos aos alunos { A, B, C, D, E } de uma determinada disciplina, entre os quais existe uma relação de ordem, isto é, A > B, B > C, C > D e D > E. Em geral, operações aritméticas não são permitidas entre os elementos da escala, ou seja, não faz sentido avaliar um conceito igual a A+B.
- **Intervalar** – quando há diferença (intervalo) entre os valores, embora não exista um zero absoluto (um ponto de partida natural). Por exemplo, na escala de Celsius, que é utilizada para medir temperatura, não existe um ponto de partida natural, já que o ponto zero da escala não indica ausência de temperatura.
- **Razão** – quando os elementos da escala são um subconjunto dos números reais, nos quais todas as operações aritméticas são permitidas. Por exemplo, o custo de determinados itens colocados à venda. Se o custo de um item é de R$ 10,50 e do outro é de R$ 13,40, então o custo total, que é a soma dos custos dos dois itens, é de R$ 23,90, a diferença entre eles é de R$ 2,90, o segundo item é 1,28 vezes maior do que o primeiro etc.

Bem-vindo ao mundo dos valores estocásticos

Os fatores de risco com que lidamos no dia a dia da gerência de projetos podem ser classificados em dois tipos, de acordo com a sua natureza: os fatores de risco qualitativos e os fatores de risco quantitativos.

Os fatores de risco qualitativos são aqueles oriundos de incertezas que assumem valores em escalas ordinais, tais como:

- {Sim, Não};
- {Positivo, Neutro, Negativo};
- {Adorei, Gostei, Indiferente, Não Gostei, Detestei};
- {Reais, Dólares Americanos, Libras Esterlinas};
- {Soldado, Sargento, Tenente, Capitão, Major, Coronel, General}
- etc.

São exemplos de fatores de risco qualitativos aqueles associados à:

- Reação do usuário final à interface de um novo programa de computador;
- Saída do executivo patrocinador do projeto da empresa;
- Experiência da equipe de projeto com o uso de uma determinada ferramenta ou método;
- Confiança da empresa contratante no sucesso do projeto;
- etc.

Os fatores de risco quantitativos são aqueles que se originam das incertezas que assumem valores expressos em escalas de razão, tais como:

- {1, 2, 3, ... };
- {R$ 500, R$ 600, R$ 700, ... };
- {12 cm, 15 cm, 20 cm };
- {4,5 kg, 9,7 kg, 7,9 kg, 2,4 kg, ... };
- etc.

São exemplos de riscos quantitativos aqueles associados a:

- Duração e o custo total de um projeto;
- Número de engenheiros que farão parte da equipe de projeto;
- Remuneração a ser paga aos consultores externos;
- Data de entrega do projeto;
- etc.

Em geral, não é difícil distinguir um tipo de fator de risco do outro. Se você pode somar, dividir, multiplicar ou subtrair a incerteza associada ao fator de risco, então estamos lidando com um fator de risco quantitativo, caso contrário trata-se, com certeza, de um fator de risco qualitativo.

Portanto, os valores que um risco qualitativo pode assumir pertencem à escala nominal e ordinal, enquanto que os valores que um risco quantitativo pode assumir pertencem à escala intervalar ou de razão.

A importância de se distinguir um tipo de fator de risco do outro reside no fato de cada tipo poder ser tratado de forma diferente pelas técnicas de análise de risco. Enquanto ambos os tipos de fator de risco podem ser registrados e gerenciados através da ficha de controle de risco apresentada no Capítulo 2, para os fatores de risco quantitativos podemos construir modelos estocásticos[9], que nos permitem analisar o comportamento do fator de risco dentro do âmbito do projeto.

As mesmas considerações feitas anteriormente para os fatores de risco podem ser aplicadas aos objetivos do projeto. Quando estes puderem ser expressos por escalas ordinais, estaremos falando de risco qualitativo e no caso dos objetivos serem expressos por escalas de razão estaremos falando de riscos quantitativos.

A forma mais fácil de apresentar um modelo estocástico de análise de risco é através de um exemplo prático.

O Caso da Kronendale AB

Kronendale AB
Creating profitable relationship marketing programs that enchant your clients.

A Kronendale AB[10] é uma empresa sueca especializada na criação de programas de relacionamento com clientes.

Na economia extremamente competitiva que se instaurou no Continente Europeu após a criação do Euro[11], pelo Tratado de Maastricht[12], em 1992, a

---

[9]Modelos matemáticos que lidam com variáveis cujos valores são incertos.

[10]Kronendale AB é um nome fictício. O verdadeiro nome da empresa foi omitido por razões de confidencialidade.

[11]O Euro passou a existir como moeda a partir da meia-noite de 1° de janeiro de 1999. As primeiras notas e moedas passaram a circular a partir de 1° de janeiro de 2002.

[12]Maastricht é uma pequena cidade histórica, localizada no sul da Holanda, próxima à fronteira com a Bélgica. Apesar de ter sido assinado em 7 de fevereiro de 1992, o Tratado de Maastricht só entrou em vigor em 1° de novembro de 1993.

manutenção e a intensificação do relacionamento com os clientes passaram a figurar no topo da agenda de qualquer empresa europeia que pretenda permanecer competitiva neste início de século.

Ao perceber o impacto da criação da moeda única para as estratégias de marketing das empresas europeias, a Kronendale AB se posicionou rapidamente no mercado como uma empresa dinâmica, capaz de conceber programas de relacionamento com os clientes extremamente criativos, a preços competitivos.

Nestes últimos anos a carteira de clientes da Kronendale AB vem crescendo de forma rápida e consistente. No momento a empresa precisa contratar um especialista em *data mining*, para atender às solicitações de um novo cliente. Este profissional irá trabalhar na sede da empresa em Estocolmo, na Suécia.

O processo de contratação de pessoal da Kronendale AB

O processo de contratação de pessoal utilizado pela Kronendale AB, embora efetivo, é bem diferente daquele adotado pela maioria das empresas europeias. Inicialmente o gerente de projetos interessado na contratação faz uma descrição do perfil do profissional que deseja contratar, especificando a faixa salarial permitida para a contratação, a partir das informações disponíveis na Rede de Agências de Emprego do Governo Sueco.

Num segundo passo, ele envia, para a Junta de Diretores da empresa, uma solicitação de contratação, juntamente com uma justificativa da necessidade de expansão da equipe de projeto e uma estimativa dos valores a serem gastos com o profissional em questão no decorrer dos próximos doze meses.

Após a aprovação do pedido de contratação pela Junta de Diretores, o Departamento de Recursos Humanos da empresa divulga a existência da vaga junto à Rede de Agências de Emprego do Governo Sueco. É importante mencionar que a faixa salarial estabelecida pelo gerente de projeto é tratada como informação confidencial, não sendo divulgada aos interessados.

Os profissionais da área tomam conhecimento da oportunidade de emprego através da Internet. Os interessados enviam seus currículos e pretensões salariais, via e-mail, para a KRONENDALE AB. O Departamento de Recursos Humanos analisa os currículos recebidos pela empresa, eliminando aqueles que estiverem fora do perfil ou da faixa salarial previamente estabelecida. Os candidatos que passarem por este primeiro escrutínio são chamados para uma entrevista com o gerente do projeto.

Para que o gerente de projeto possa se preparar adequadamente para as entrevistas, ele recebe uma cópia dos currículos que foram enviados para a empresa, sem a pretensão salarial dos candidatos, que é retida pelo Departamento de Recursos Humanos.

Embora o gerente do projeto tenha ampla liberdade para conduzir a entrevista da forma que julgar mais conveniente, ele não pode fazer perguntas que transgridam a legislação vigente, nem que revelem a pretensão salarial dos candidatos.

Após a realização das entrevistas, o gerente do projeto ordena os candidatos que deseja contratar em ordem decrescente de prioridade. Partindo do topo da lista, o Departamento de Pessoal oferece a posição em aberto aos interessados, até obter o primeiro aceite. O candidato selecionado começa a trabalhar para a KRONENDALE AB num prazo máximo de quinze dias corridos.

De acordo com a alta gerência da KRONENDALE AB, o fato de o gerente de projeto efetuar a seleção dos candidatos sem ter conhecimento de suas respectivas pretensões salariais tem enormes vantagens:

- Ao se distanciar da questão salarial, o gerente do projeto tende a selecionar o melhor candidato para a posição em aberto; isso tem sido comprovado, sistematicamente, ao longo do tempo, por empresas de consultoria que auditoram o processo de contratação da KRONENDALE AB;

- O processo evita a prevalência de preconceitos do tipo "o candidato é muito jovem para ganhar o salário que está solicitando" ou "deve ter alguma coisa errada com este profissional, dado que ele está pedindo muito menos do que ele vale no mercado", que já foram objeto de ações judiciais no passado;
- A empresa evita contratar funcionários que aceitam uma remuneração menor, durante a entrevista, mas que vivem insatisfeitos, contaminando o resto da equipe; e
- O gerente do projeto evita contratar profissionais que aceitam trabalhar por qualquer remuneração, consomem recursos de treinamento do projeto e deixam a empresa assim que conseguem uma posição que pague melhor em uma outra empresa concorrente.

Orçando o salário do especialista em Data Mining

O problema que Ulf Leandersson[13] enfrenta no momento é o de estimar os custos de contratação do especialista em *data mining*[14] que ele tanto precisa pelos próximos doze meses.

Observe que Ulf está lidando com uma incerteza quantitativa, uma vez que salários podem ser somados, subtraídos, multiplicados por constantes etc. O risco associado a esta incerteza é o de Ulf fornecer uma estimativa aquém do necessário para contratar o profissional que ele selecionar. Neste caso seria forçado a solicitar recursos suplementares da Kronendale AB, que pode ou não concordar com a solicitação.

Para estimar que US$ 85 mil são suficientes para fazer frente aos custos associados à contratação do especialista em *data mining* pelos próximos doze meses, Ulf fez diversas considerações, que devemos examinar com cuidado.

Inicialmente ele obteve, da Rede de Agência de Empregos do Governo Sueco, os valores pagos a especialistas em *data mining* que foram contratados nos últimos meses em Estocolmo. As informações que ele recebeu da rede estão resumidas na Figura 5.1.

---

[13]Ulf Leandersson é um nome fictício. O verdadeiro nome do gerente de projeto foi omitido para proteger a participação dos envolvidos.

[14]Especialista na extração de informações a partir de dados armazenados em banco de dados.

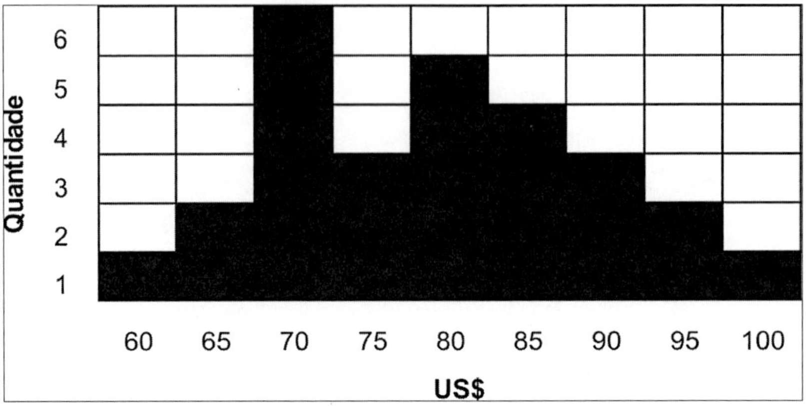

Figura 5.1. Salário anual, em dólares americanos, de Especialistas em *Data Mining* contratados em Estocolmo nos últimos meses

A estratégia do menor valor

Se Ulf orçasse o menor valor pago a este tipo de especialista, nos últimos meses, isto é, US$ 60 mil, ele estaria, sem dúvida, facilitando a aprovação da sua solicitação pela Junta de Diretores da KRONENDALE AB. Entretanto, no decorrer do projeto, muito provavelmente ele teria que solicitar um adicional de orçamento, que poderia ou não ser concedido dependendo da disponibilidade de caixa da empresa.

Observe que, entre os 27 especialistas em *data mining* contratados por empresas diversas para trabalhar em Estocolmo nos últimos meses, apenas um especialista foi contratado com um salário igual ou inferior a US$ 60 mil. Portanto, utilizando o passado recente para explicar o futuro imediato, podemos inferir (estimar) que a probabilidade de Ulf conseguir contratar um profissional nestas condições é de 1/27, ou seja, 0,037.

Àqueles para quem probabilidade é um conceito difuso, vale a pena lembrar que se trata de um valor entre 0 e 1, fornecido pela fórmula:

$$\frac{n}{N}$$

onde *n* é o número total de casos favoráveis e *N* é o número total de ocorrências possíveis[15].

Se o valor resultante desta divisão for multiplicado por 100, então a probabilidade passa a ser expressa na forma de percentual. Por exemplo, o valor 0,037 que acabamos de calcular, quando multiplicado por 100, passa a ser expresso como 3,7%.

A estratégia do maior valor

Caso ele tivesse orçado o maior valor pago a um profissional deste tipo nos últimos meses, isto é, US$ 100 mil, suas chances subiriam para 27/27, ou seja, 100%. Entretanto, já que os recursos à disposição da Kronendale AB são limitados, Ulf estaria, inevitavelmente, penalizando outros projetos da empresa.

Dado que existe uma relação muito forte entre a participação nos lucros, que a empresa distribui trimestralmente, e o número de projetos que ela executa, Ulf estaria prejudicando, na verdade, a si próprio, aos outros gerentes de projeto e a todos os demais funcionários da empresa.

A estratégia do valor médio

Orçar o valor médio pago a especialistas em *data mining*, isto é, US$ 79,1 mil, também não teria sido uma boa ideia. Apenas doze profissionais foram contratados por valores iguais ou inferiores a este. Portanto, a probabilidade de Ulf conseguir contratar um profissional por este valor é de 12/27, ou 0,444, que é menor do que a probabilidade de sair "cara" em lançamentos sucessivos de uma moeda, que é de 0,5.

Com certeza, a Kronendale AB não veria com bons olhos a existência de um projeto onde as chances de sucesso são inferiores a 0,5. Em geral, projetos deste tipo tendem a desapontar o cliente final, seja ele interno ou externo à organização, gerando insatisfação com os serviços prestados pela empresa.

---

[15] O conceito de probabilidade que acabamos de descrever foi uma das inúmeras contribuições do grande matemático francês Pierre-Simon Laplace (1749-1827) ao estudo da matemática.

A estratégia da moda

Caso Ulf tivesse se decidido pela moda dos valores pagos a especialistas em *data mining*, isto é, o valor com a maior incidência de contratações, ele teria piorado sobremaneira suas chances de sucesso. Afinal, apenas nove profissionais foram contratados por um valor igual ou inferior a US$ 70 mil. Portanto, as chances de sucesso de Ulf seriam de 9/27, ou seja, 0,333.

A estratégia da mediana

Uma outra possibilidade seria orçar à mediana, isto é, o valor que divide o conjunto ordenado de observações em dois conjuntos distintos de igual tamanho. Ver Figura 5.2. Neste caso as chances de Ulf seriam de 17/27, ou 0,629. Um valor maior do que 0,5, mas ainda perigosamente baixo para os padrões da empresa.

60 65 65 70 70 70 70 70 70 75 75 75 80

80

80 80 80 85 85 85 85 90 90 90 95 95 100

Figura 5.2. Mediana dos valores pagos a especialistas em *data mining* em Estocolmo nos últimos meses

Em suma

A Figura 5.3 apresenta um sumário das medidas consideradas por Ulf como sendo possíveis de serem apresentadas à Junta de Diretores da Kronendale AB como estimativa do custo anual da contratação de um especialista em *data mining*, assim como a probabilidade estimada destes valores serem excedidos.

Medida	Valor (US$ mil)	P(x ≤ X)	1- P(x ≤ X)
Mínimo	60,0	0,037	0,963
Moda	70,0	0,333	0,667
Média	79,1	0,444	0,556
Mediana	80,0	0,620	0,380
Máximo	100,0	1,000	0,000

Figura 5.3. Somatório dos valores considerados como estimativas possíveis de serem apresentadas à Junta de Diretores da KRONENDALE.

Nesta tabela, enquanto a coluna "P(x ≤ X)" apresenta a probabilidade de ocorrência de valores iguais ou abaixo de uma determinada medida, a coluna "1-P(x ≤ X)" apresenta a probabilidade de estes valores serem excedidos.

O que fazer?

Após ter analisado todas essas opções, Ulf chegou à inevitável conclusão de que nenhuma destas medidas devem ser apresentadas como estimativa de custos associados à contratação de pessoal.

Enquanto algumas podem conduzir a estimativas que dificilmente poderiam ser cumpridas pelo gerente de projetos, outras oneram, sobremaneira, o projeto. Além disso, a quantidade de valores menores do que a média ou a moda variam de acordo com o conjunto de observações que estiverem sendo analisadas.

Neste sentido considere os valores na Figura 5.4. Apenas 32% dos valores ali apresentados são menores do que a média, isto é, são menores do que US$ 73,8!

O cerne do problema enfrentado por Ulf é que cada organização está disposta a correr um risco diferente no que se refere às estimativas apresentadas por seus gerentes de projetos. Observe que, neste caso, o risco se refere à probabilidade do gerente não conseguir finalizar o projeto dentro das estimativas que apresentou.

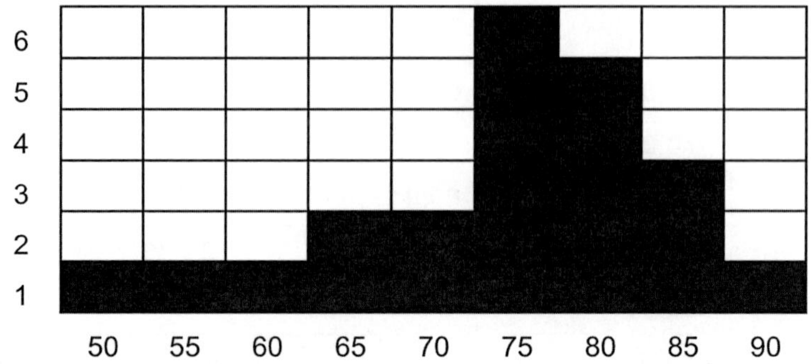

Figura 5.4. Salário anual em milhares de dólares americanos recebidos por gerentes de operações logísticas contratados em Estocolmo nos últimos meses.

Enquanto que uma estimativa com probabilidade de 0,035 (ou 35%) de cumprir um orçamento ou de entregar um projeto no prazo é considerada uma situação arriscada pela maioria das organizações, para poucas, diante da necessidade de fazer caixa, pode se tratar de uma situação perfeitamente aceitável.

Diante desta realidade, Ulf resolveu apresentar à Junta de Diretores da Kronendale AB a tabela da Figura 5.5, juntamente com a estimativa de que US$ 85 mil seriam suficientes para contratar o especialista em *data mining* de que o projeto necessita.

Salário (US$ mil)	Número de Ocorrências	P(x)	P(x ≤ X)
60	1	0,037	0,037
65	2	0,074	0,111
70	6	0,222	0,333
75	3	0,111	0,444
80	5	0,185	0,630
85	4	0,148	0,778
90	3	0,111	0,889
95	2	0,074	0,963
100	1	0,037	1,000
Total	27	1,000	

Figura 5.5. Tabela de distribuição de probabilidade dos salários pagos a especialistas em *data mining* contratados em Estocolmo nos últimos meses.

Observe que:

- A primeira coluna da tabela (coluna "Valor") contém os salários pagos a especialistas em *data mining* contratados recentemente em Estocolmo;
- A segunda coluna (coluna "Número de Ocorrências") contém o número de especialistas que aceitaram trabalhar por estes salários;
- A terceira coluna (coluna "P(x)") contém a probabilidade estimada de um novo analista ser contratado por cada um dos salários da primeira coluna;
- A quarta e última coluna (coluna "P(x ≤ X)") contém a probabilidade estimada de um novo analista ser contratado por um valor igual ou inferior aos salários da primeira coluna.

Ao selecionar o valor de US$ 85 mil, Ulf diminuiu substancialmente o risco de não conseguir contratar um especilista em *data mining*, sem onerar seu projeto desnecessariamente. Observe que 77,8% dos profissionais da área contratados recentemente em Estocolmo foram contratados por valores inferiores a US$ 85 mil.

É bem verdade que é possível que Ulf não consiga efetuar a contratação do especialista em *data mining* por este valor. As probabilidades estimadas neste sentido são de apenas 0,222, ou seja, 22,2% dos profissionais da área contratados em Estocolmo receberam um salário superior a US$ 85 mil.

A Figura 5.6 apresenta as informações contidas na Figura 5.5 na forma de um gráfico. Como Ulf descobriu mais tarde, em geral, as pessoas acham mais fácil raciocinar com o auxílio de um gráfico do que com o auxílio de uma tabela.

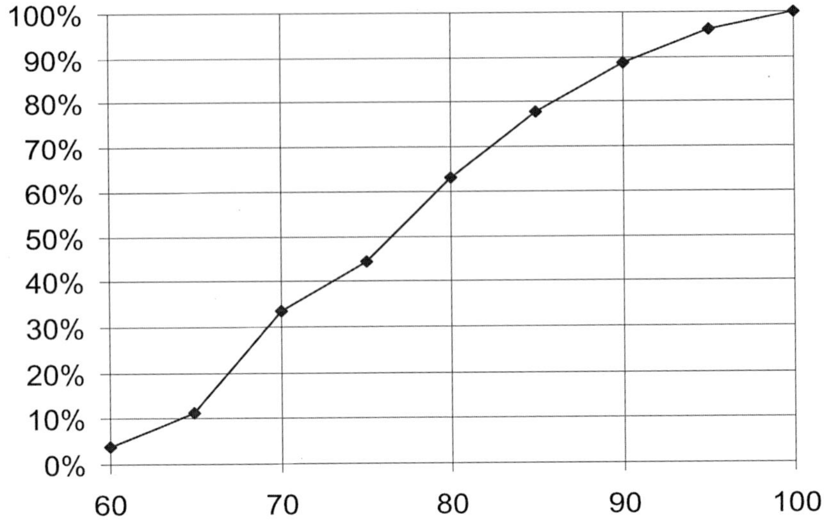

Figura 5.6. Gráfico de função de probabilidade cumulativa dos salários pagos a especialistas em *data mining* contratados em Estocolmo nos últimos meses.

Uma questão de nomenclatura

Em estatística,

> *Denomina-se **distribuição de frequência** a quantidade relativa de ocorrências de determinados eventos no universo de interesse.*

Por exemplo, a coluna “Número de Ocorrências” da Figura 5.5 é uma distribuição de frequência. Tabelas como a da Figura 5.5, que contêm distribuições de frequência, são chamadas de tabelas de distribuição de frequência. Portanto,

> *Denomina-se **tabela da função de probabilidade** a tabela que contém uma distribuição de frequência.*

Por sua vez,

☞ *Denomina-se **gráfico da função de probabilidade cumulativa** o gráfico que apresenta a probabilidade de ocorrência de valores menores que determinadas quantidades.*

O gráfico apresentado na Figura 5.6 é um exemplo de um gráfico de probabilidade cumulativa.

O Caso Kronendale AB: Epílogo

A forma encontrada por Ulf para apresentar uma estimativa para o gasto anual da contratação de um profissional de *data mining* fez um enorme sucesso na Junta de Diretores da KRONENDALE AB. O Diretor de Recursos Humanos, Carl Thorgren, foi quem mais se entusiasmou com o gráfico de densidade de probabilidade dos salários pagos a especialistas em *data mining* contratados em Estocolmo nos últimos meses. Ver Figura 5.5.

– Com o auxílio do gráfico nós podemos escolher o valor que mais se adequa à situação financeira da empresa a cada instante. Numa situação em que a empresa precise crescer ou na qual exista uma escassez de projetos, podemos estar dispostos a correr um risco maior nas nossas estimativas, oferecendo a nossos clientes um preço mais competitivo, afirmou, na ocasião, o Diretor de Recursos Humanos.

– Por outro lado, se a KRONENDALE AB estiver numa situação em que haja abundância de projetos, podemos optar por correr menos risco, oferecendo a nossos clientes um preço com uma folga maior, completou, logo em seguida, o Diretor Financeiro.

– Temos que adotar esse gráfico como padrão para estimativa de custos na empresa, disse o Diretor de Recursos Humanos.

– Apoiado, falou o Diretor Financeiro, com grande entusiasmo.

O que aprendemos com o Caso Kronendale AB?

A forma encontrada por Ulf para apresentar uma estimativa para o gasto anual da contratação de um profissional de *data mining* nos ensina algumas lições importantes sobre incertezas quantitativas:

- Incertezas quantitativas podem receber um tratamento numérico, que não está disponível para as incertezas qualitativas,
- O tratamento numérico a que as incertezas quantitativas podem ser submetidas conduz à confecção de um gráfico, ou tabela, que mostra a probabilidade de ocorrência de valores menores ou iguais a um determinado conjunto de valores,
- O risco que cada empresa, ou indivíduo, está disposto a correr indica que estimativa deve ser apresentada para a incerteza em questão.

Exercícios

1. O que são fatores de risco qualitativos?
   a) São fatores de risco cuja qualidade desejamos avaliar.
   b) São fatores de risco cuja avaliação foi feita com grande qualidade.
   c) São fatores de risco que dizem respeito a itens da qualidade esperada pelo cliente quando da compra de produtos ou realização de serviços.
   d) São os fatores oriundos de incertezas que assumem valores em conjuntos não numéricos.

2. O que são fatores de risco quantitativos?
   a) São fatores de risco oriundos de incertezas que podem ser somadas, subtraídas, multiplicadas etc.
   b) São fatores de risco que se originam de incertezas que assume valores em conjuntos numéricos.
   c) São fatores de risco que se originam de incertezas que representam quantidades ou medidas.
   d) Todas as respostas anteriores.

3. Suponha que os fatores de risco no qual estamos interessados assumem valores nos conjuntos que se seguem. Neste caso indique se estes fatores de risco são qualitativos ou quantitativos.

	Qualitativo	Quantitativo	Conjunto
a.	[ ]	[ ]	{1, 2, 3, ...}
b.	[ ]	[ ]	{12 cm, 15 cm, 20 cm }
c.	[ ]	[ ]	{4,5 kg, 9,7 kg, 7,9 kg, 2,4 kg, ... }
d.	[ ]	[ ]	{Adorei, Gostei, Indiferente, Não Gostei, Detestei}
e.	[ ]	[ ]	{Positivo, Neutro, Negativo}
f.	[ ]	[ ]	{R$ 500, R$ 600, R$ 700, ... }
g.	[ ]	[ ]	{Reais, Dólares Americanos, Libras Esterlinas}
h.	[ ]	[ ]	{Sim, Não}
i.	[ ]	[ ]	{Soldado, Sargento, Tenente, Capitão, Major, ...}

4. Por que é importante distinguir os fatores de risco qualitativos dos quantitativos?

   a) Diminuir o ruído de comunicação nas reuniões para a identificação, avaliação e acompanhamento de riscos.

   b) Existem técnicas e ferramentas para análise de risco que são utilizadas especificamente para o tratamento de fatores de risco quantitativos.

   c) Não existem técnicas e ferramentas para análise de risco que são utilizadas para o tratamento de ambos os tipos de fatores de risco.

   d) Não existem técnicas e ferramentas para o tratamento de fatores de risco qualitativos.

5. Relacione corretamente a coluna da esquerda com a coluna da direita

[ ] Máximo	a) A observação que divide um conjunto de observações, quando disposto de forma ordenada, em dois subconjuntos de igual tamanho
[ ] Média aritmética	b) O maior elemento de um conjunto de observações
[ ] Mediana	c) O menor elemento de um determinado conjunto de observações
[ ] Mínimo	d) O resultado de $\frac{x_1 + x_2 + \ldots + x_n}{n}$, onde $x_1, x_2, \ldots x_n$ são valores numéricos
[ ] Moda	e) O valor que ocorre com maior frequência em um conjunto de observações.

O que é probabilidade?

a) Um valor que varia entre 0 e 1.

b) O resultado de $\frac{n}{N}$, onde n é a quantidade de casos favoráveis e N é a quantidade total de casos possíveis.

c) Um valor que, quando multiplicado por 100, passa a ser expresso na forma de percentual.

d) Todas as respostas anteriores.

Considere o conjunto de valores apresentados na Figura 5.7. Utilize estes valores para responder as perguntas de 7 a 12.

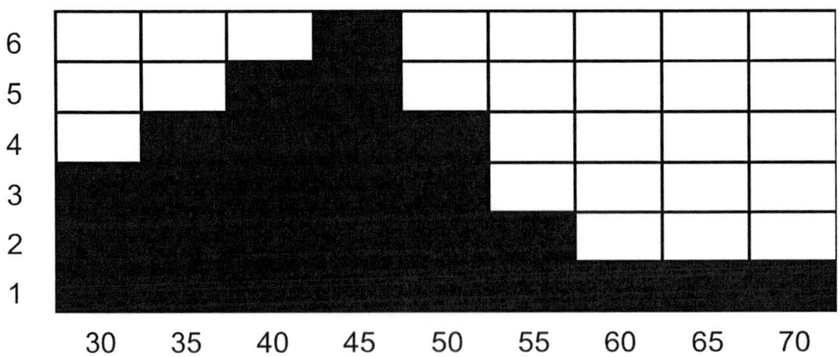

Figura 5.7. Gráfico de distribuição de probabilidade dos salários pagos a especialistas em *Inteligência Computacional* contratados em Estocolmo nos últimos meses.

7. A média, moda e mediana do conjunto de valores apresentados na Figura 5.7 são, respectivamente:

   a) 44,6, 45 e 45
   b) 28,7, 45 e 35
   c) 34,2, 50 e 40
   d) 38,3, 40 e 50

8. A probabilidade do menor e maior valor serem excedidos é, respectivamente:

   a) 0,889 e 0
   b) 0,741 e 0,037
   c) 0,556 e 0,074
   d) 0,333 e 0,111

9. A probabilidade de a média ser excedida é aproximadamente:

   a) 0,185
   b) 0,333
   c) 0,556
   d) 0,741

10. A probabilidade de a moda ser excedida é:

    a) 0,333
    b) 0,556
    c) 0,741
    d) 0,889

11. A probabilidade de a mediana ser excedida é:

    a) 0,018
    b) 0,333
    c) 0,556
    d) 0,741

12. Dentre os valores expostos na Figura 5.7, qual possui uma probabilidade de ser excedido de aproximadamente 0,2 (ou 20%)?
    a) 35
    b) 40
    c) 45
    d) 50

13. Observe o gráfico apresentado na Figura 5.8. Que valor possui uma probabilidade de ser excedido de aproximadamente 0,2 (ou 20%)?

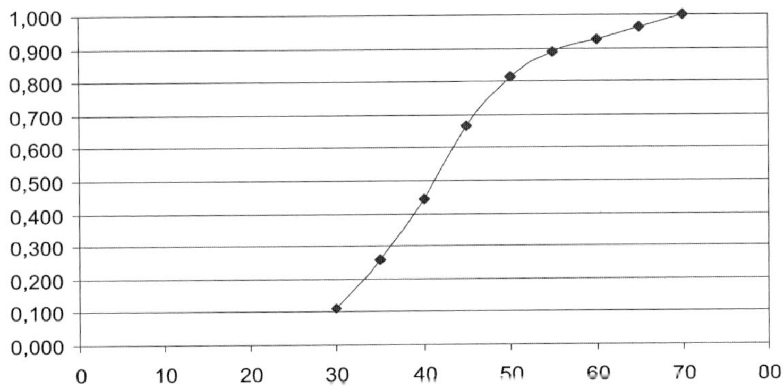

Figura 5.8. Gráfico de distribuição de probabilidade dos salários pagos a especialistas em *Inteligência Computacional* contratados em Estocolmo nos últimos meses.

    a) 30
    b) 40
    c) 50
    d) 60

14. O que aprendemos com o caso da KRONENDALE AB?
    a) Existem conceitos, métodos, técnicas e ferramentas que são utilizados especificamente na análise de riscos quantitativos.
    b) O risco a que cada empresa ou indivíduo está disposto a correr varia de empresa para empresa e de indivíduo para indivíduo.

c) O tratamento de riscos quantitativos leva à construção de tabelas ou gráficos que mostram como a probabilidade se distribui em um determinado conjunto de valores.

d) Todas as respostas anteriores.

Respostas dos Exercícios

1. d
2. d
3. a. Quantitativo; b. Quantitativo; c. Quantitativo; d. Qualitativo; e. Qualitativo; f. Quantitativo; g. Qualitativo; h. Qualitativo; i. Qualitativo
4. b
5. a. Mediana; b. Máximo; c. Mínimo; d. Média Aritmética; e. Moda
6. d.
7. a
8. a
9. c
10. a
11. b
12. d
13. c
14. d

6. Capturando a Opinião de Especialistas

AO FINAL DESTE CAPÍTULO VOCÊ DEVERÁ SABER:

O que são fatores de risco contínuos e discretos.

O que são variáveis discretas.

Como desenvolver modelos de risco para variáveis contínuas.

Por que utilizar a opinião de especialistas no desenvolvimento de modelos de risco.

Como capturar a opinião de especialistas.

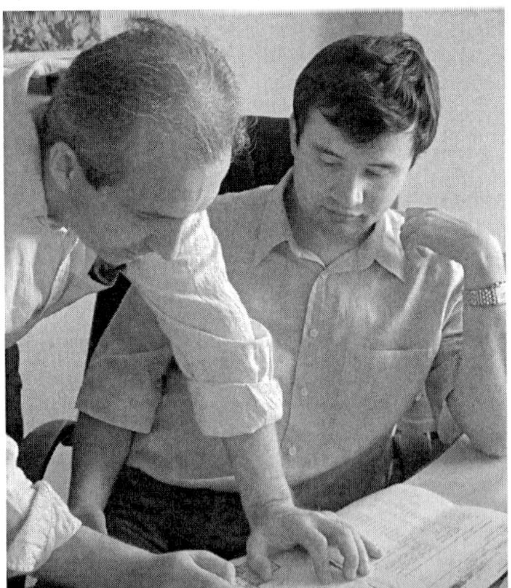

Fatores de risco quantitativos: discretos e contínuos

Ao construirmos modelos estocásticos para nos auxiliar na análise de riscos quantitativos, lidamos com dois tipos de fatores de risco: os discretos e os contínuos.

Os fatores de risco (quantitativos) discretos

Os fatores de risco (quantitativos) discretos são aqueles que assumem valores em conjuntos de valores discretos tais como:

- { 0, 1, 2, 3 e 4 },
- { 10%, 20%, 40%, 60%, 100%},
- { 1/3, 5/7, 9/11, 13/15 },
- { 1, 3, 5, 7, 9, 11, 13, ...},
- { 0h, 4h, 8h, 12h, 14h, 16h, 20h },
- etc.

São exemplos de fatores de risco discretos:

- A quantidade de profissionais de uma determinada especialidade (programadores de computador, engenheiros, médicos etc.) que irão participar de um projeto;
- A quantidade de computadores necessários para uma empresa funcionar;
- A probabilidade de ocorrência de retrabalho em um projeto de desenvolvimento de sistemas de informação selecionada dentre as seguintes opções: 10%, 20% 40%, 60%, 80% ou 100%;
- O número de vezes que um táxi é chamado, diariamente, para transportar passageiros;
- A quantidade de pulsos gastos, mensalmente, por um usuário de serviços telefônicos;
- A quantidade de pizzas solicitadas de um determinado restaurante pelo telefone, durante a semana;

- A quantidade de pessoas que moram em uma unidade habitacional (casa, apartamento, sobrado etc.)
- etc.

Uma das características mais marcantes dos conjuntos numéricos de valores discretos é que, entre quaisquer dois elementos do conjunto, existe um número finito de elementos.

Tome o conjunto { 10%, 20%, 40%, 60%, 100%} como exemplo. Observe que:

- entre os elementos 10% e 100%, estão os elementos 20%, 40% e 60%;
- entre os elementos 20% e 60% está o elemento 40%;
- entre os elementos 20% e 100% estão os elementos 40% e 60%;

e assim por diante.

Portanto,

> ***Fatores de risco (quantitativos) discretos*** *são aqueles que assumem valores em conjuntos nos quais entre quaisquer dois elementos existe uma quantidade* <u>*finita*</u> *de elementos que pertencem ao conjunto.*

Os fatores de risco (quantitativos) contínuos

Por sua vez, os fatores de risco contínuos são aqueles que assumem valores em conjuntos de valores contínuos, tais como:

- $\{x \mid x \in [1\,h \ldots 5\,h]\}$ – conjunto de todos os valores contidos entre 1 hora e 5 horas;
- $\{x \mid x \notin [1.000\,ml \ldots 5.000\,ml]\}$ – conjunto de todos os valores que estão fora do intervalo que vai de 1.000 mililitros a 5.000 mililitros;
- $\{x \mid x \geq 120\,Mhz\}$ – conjunto das frequências maiores ou iguais a 120 mega-hertz;
- $\{x \mid x \geq 70\,kg \text{ e } x \leq 100\,kg\}$ – conjunto dos pesos maiores ou iguais que 70 quilogramas e menores ou iguais que 100 quilogramas;

- $\{x \mid x \neq R\$ 35{,}00\}$ – conjunto de todos os valores diferentes de trinta e cinco reais.
- etc.

São exemplos de fatores de risco contínuos:

- A quantidade de dinheiro necessária para executar um projeto;
- A duração de um projeto;
- O salário dos profissionais que irão trabalhar em um projeto;
- O tempo que uma pessoa ou uma máquina leva para executar uma tarefa;
- A pressão arterial máxima e mínima de uma pessoa;
- A distância entre pontos geográficos;
- etc.

Uma das características mais importantes dos conjuntos numéricos de valores contínuos é que, entre quaisquer dois elementos do conjunto, existe um número infinito de elementos.

Por exemplo, no conjunto $\{x \mid x \geq 70\ kg\ e\ x \leq 100\ kg\}$,

- entre 70 kg e 100 kg encontramos o valor $\frac{70\ kg + 100\ kg}{2} = 85\ kg$;
- entre 70 kg e 85 kg encontramos o valor $\frac{70\ kg + 85\ kg}{2} = 77{,}5\ kg$;
- entre 70 kg e 77,5 kg encontramos o valor $\frac{70\ kg + 77{,}5\ kg}{2} = 73{,}75\ kg$;

e assim por diante.

Portanto,

> ☞ ***Fatores de risco (quantitativos) contínuos** são aqueles que assumem valores em conjuntos nos quais entre quaisquer dois elementos existe uma quantidade <u>infinita</u> de elementos que pertencem ao conjunto.*

Por que essas diferenças são importantes?

A importância de se distinguir um tipo de fator de risco do outro, na construção de modelos estocásticos de análise de risco, reside no fato de cada tipo ser modelado por funções de distribuição de probabilidade diferentes.

Enquanto os fatores de risco discretos são modelados por funções de distribuições de probabilidade discretas, os fatores de risco contínuos são modelados por distribuições de probabilidade contínuas.

Funções de probabilidade discretas

As funções de distribuição de probabilidade discretas, em geral, podem ser descritas facilmente em tabelas de distribuição de probabilidade com um número finito de linhas, tal como a apresentada na Figura 6.1.

Gerente de Database Marketing		
x (salário anual em US$ mil)	**Frequência**	**P(x)**
80	1	0,042
85	4	0,167
90	3	0,125
95	6	0,250
100	4	0,167
105	4	0,167
110	2	0,083
Total	**24**	**1,000**

Figura 6.1. Salário anual, em dólares americanos, de especialistas em *Data Mining* contratados em Estocolmo nos últimos meses

Observe que para cada valor **x** no domínio da função, a função de probabilidade discreta retorna a probabilidade de ocorrência deste valor, isto é, **P(x)**. Por exemplo, para **x** = US$ 85 mil, **P(x)** = 0,167.

Neste caso, a probabilidade de ocorrência de um determinado valor é simplesmente a razão entre o número total de casos favoráveis e o número total de ocorrências possíveis.

Por exemplo, a probabilidade de ocorrência de um salário anual de US$ 85 mil é dada por:

$$\frac{4}{24} = 0{,}167,$$

onde 4 é o número de casos favoráveis (o número de ocorrência do valor US$ 85 mil nas observações) e 24 é a quantidade de todas as ocorrências possíveis.

Raciocinando sobre funções de distribuição de probabilidade contínuas

Já os fatores de risco contínuos exigem uma abordagem bem diferente.

Como entre quaisquer dois elementos dos conjuntos nos quais estes fatores de risco assumem valores, existe um número infinito de elementos, estes conjuntos são necessariamente infinitos.

Por exemplo, mesmo possuindo um limite inferior e um limite superior, o conjunto de todos os valores contidos entre 1 hora e 5 horas, isto é: $\{x \mid x \in [1\,h \ldots 5\,h]\}$, possui um número infinito de elementos.

Portanto, a probabilidade de ocorrência de um determinado valor neste conjunto é dada por:

$$\frac{n}{\infty},$$

onde n é o número de ocorrência de um determinado valor e ∞ indica que o número total de ocorrências possíveis é infinito.

Para aqueles que não estão muito familiarizados com a noção de infinito, a Figura 6.2 mostra o valor da função $\frac{n}{x}$, quando n = 1, para diferentes valores de x.

Observe que o valor da função $\frac{n}{x}$ se aproxima rapidamente de zero à medida que o valor de x aumenta. É importante se ter em mente que este mesmo padrão de comportamento da função se mantém para outros valores de n, isto é, para n = 2, 3, 4, ...

x	$\frac{1}{x}$
1	1
10	0,1
100	0,01
1.000	0,001
10.000	0,0001
100.000	0,00001
1.000.000	0,000001
10.000.000	0,0000001
100.000.000	0,00000001

Figura 6.2. Valores da função

$f(x) = \frac{1}{x}$ para diferentes valores de x

Em consequência, à medida que x se aproxima do infinito, o valor de $\frac{n}{x}$ se aproxima de zero.

Portanto, $\frac{n}{\infty}=0$ indica que a probabilidade de ocorrência de um determinado valor em um conjunto infinito de valores é zero. Em consequência, a probabilidade de ocorrência de um determinado valor de um fator de risco contínuo é zero!

Este fato faz com que raciocinar sobre probabilidade de ocorrência de valores individuais que um fator de risco pode assumir não seja uma atividade muito útil, já que ela é sempre zero. Entretanto, é possível raciocinar sobre a ocorrência de valores dentro de um dado intervalo.

Por exemplo, enquanto a probabilidade de execução de uma determinada tarefa, preparar um bolo por exemplo, em exatamente 1h e 30 min é zero, já que o conjunto das durações possíveis para a execução de uma tarefa é contínuo, a probabilidade desta tarefa ser executada entre 1h e 2h pode ser diferente de zero, dependendo da habilidade do cozinheiro.

Muitas vezes não conseguimos perceber este aspecto curioso da passagem do tempo em decorrência das limitações dos instrumentos de medida que estão à nossa disposição (relógios, minutadores, cronômetros etc.)

Estes instrumentos são capazes de medir a passagem do tempo com precisão limitada (horas, minutos, segundos, décimos de segundo, centésimos de segundo etc.), dando a impressão de que uma tarefa foi executada em uma quantidade de tempo específica, que corresponde ao limite de precisão do instrumento de medida.

Entretanto, o uso de instrumentos de medição cada vez mais precisos nos permitiria verificar que a tarefa foi, na verdade, executada em uma quantidade de tempo diferente e, mesmo que seja repetida inúmeras vezes, nunca será executada novamente na mesma quantidade de tempo.

Como os fatores de risco contínuos são modelados?

Para modelar fatores de risco contínuos, a estatística colocou à nossa disposição funções de distribuição de probabilidade contínuas.

Essas funções foram construídas especialmente para possuírem certas propriedades que nos ajudam a raciocinar sobre fatores de risco contínuos. A melhor forma de compreender estas propriedades é através de um exemplo.

A função de distribuição de probabilidade triangular

A função de distribuição de probabilidade triangular possui três parâmetros, a saber:

- *min* – o menor valor que a função pode assumir (o mínimo),
- *mp* – o valor em torno do qual a ocorrência de valores é mais provável e
- *max* – o maior valor que a função pode assumir (o máximo),

tal que min ≤ mp ≤ max.

A Figura 6.3 apresenta o gráfico da função *Triang* (R$ 10,00, R$ 15,00, R$ 25,00), ou seja, da distribuição de probabilidade triangular que tem:

- R$ 10,00 como o menor valor que a função pode assumir,
- R$ 15,00 como o valor em torno do qual a ocorrência de valores é mais provável e
- R$ 25,00 como o maior valor que a função pode assumir.

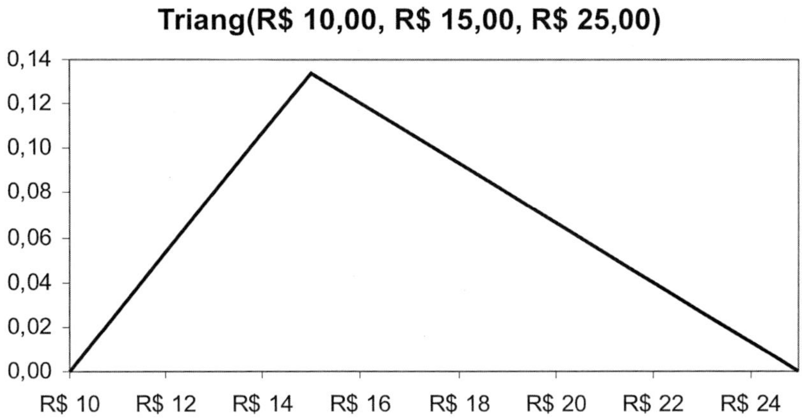

Figura 6.3. Distribuição triangular tendo como mínimo, mais provável e máximo os valores R$ 10,00, R$ 15,00 e R$ 25,00 respectivamente.

Observe que o formato do gráfico é o de um triângulo, dando origem ao nome da função.

O valor da função triangular em um determinado ponto é dado pelas fórmulas:

$$\text{Para} \begin{cases} \min \leq x \leq mp & \Rightarrow \quad \dfrac{2(x-\min)}{(mp-\min)(\max-\min)} \\[2ex] mp \leq x \leq \max & \Rightarrow \quad \dfrac{2(\max-x)}{(\max-mp)(\max-\min)} \end{cases}$$

Figura 6.4. Fórmula que fornece o valor que a função *Triang (min,mp,max)* assume para diferentes valores de x.

A Figura 6.5 apresenta uma tabela contendo o valor da função *Triang*(R$ 10,00, R$ 15,00, R$ 25,00) para diversos valores do eixo horizontal do gráfico apresentado na Figura 6.3.

X (R$)	Triang(R$10,00, R$15,00, R$ 25,00)
10	$\frac{2\,(10-10)}{(15-10)\,(25-10)} = 0{,}000$
12	$\frac{2\,(12-10)}{(15-10)\,(25-10)} = 0{,}053$
15	$\frac{2\,(15-10)}{(15-10)\,(25-10)} = 0{,}133$
17	$\frac{2\,(25-17)}{(25-15)\,(25-10)} = 0{,}107$
19	$\frac{2\,(25-19)}{(25-15)\,(25-10)} = 0{,}080$
21	$\frac{2\,(25-21)}{(25-15)\,(25-10)} = 0{,}053$
23	$\frac{2\,(25-23)}{(25-15)(25-10)} = 0{,}027$
25	$\frac{2\,(25-25)}{(25-15)\,(25-10)} = 0{,}000$

Figura 6.5. Valores da função *Triang(R$10,00, R$ 15,00 e R$ 25,00)* para diversos valores de x.

A probabilidade de ocorrência de valores entre dois pontos A e B é dada pela área compreendida entre o eixo das ordenadas (eixo x) e pela linha unindo os pontos entre estes dois valores, que fazem parte da função.

Por exemplo, a área hachurada[16] no gráfico apresentado na Figura 6.6 nos fornece a probabilidade de ocorrência de valores entre os pontos R$ 12 e R$ 19.

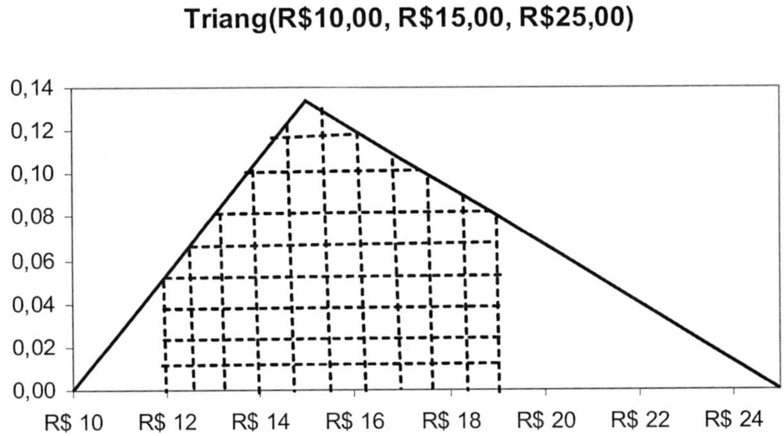

Figura 6.6. A probabilidade de ocorrência de valores entre os pontos R$ 12,00 e R$ 19,00 é dada pela área hachurada.

Como, por definição, probabilidade é um valor entre 0 e 1, a área do gráfico apresentado na Figura 6.6 entre R$ 10, o menor valor da função, e R$ 25, o maior valor da função, é 1.

Para a função triangular, a área entre os valores da função e o eixo das abscissas para valores menores que um valor específico entre *min* e *max* é dado pelas fórmulas:

$$\text{Para} \begin{cases} \min \le x \le mp & \Rightarrow \quad \dfrac{(x-\min)^2}{(mp-\min)\,(\max-\min)} \\[2ex] mp \le x \le \max & \Rightarrow \quad \dfrac{(\max-x)^2}{(\max-mp)\,(\max-\min)} \end{cases}$$

Figura 6.7. Fórmula que, para valores de *x* entre *min* e *max*, fornece a área entre os valores da função *Triang(min,mp,max)* e o eixo das abscissas.

[16] Listrada, marcada.

A Figura 6.8 contém a tabela de probabilidade de ocorrência de valores menores ou iguais que determinados valores do domínio da função *Triang*(R$ 10,00, R$ 15,00, R$ 25,00). Estas probabilidades foram obtidas utilizando as fórmulas apresentadas na Figura 6.7.

x (R$)	$P(x \leq X)$
10	$\frac{(10-10)^2}{(15-10)\,(25-10)} = 0{,}000$
12	$\frac{(12-10)^2}{(15-10)\,(25-10)} = 0{,}053$
15	$\frac{(15-10)^2}{(15-10)\,(25-10)} = 0{,}333$
17	$1-\frac{(25-17)^2}{(25-15)\,(25-10)} = 0{,}573$
19	$1-\frac{(25-17)^2}{(25-15)\,(25-10)} = 0{,}700$
21	$1-\frac{(25-21)^2}{(25-15)\,(25-10)} = 0{,}893$
23	$1-\frac{(25-23)^2}{(25-15)\,(25-10)} = 0{,}973$
25	$1-\frac{(25-25)^2}{(25-15)\,(25-10)} = 1{,}000$

Figura 6.8. Probabilidade de ocorrência de valores menores ou iguais que determinados valores do domínio da função *Triang(R$ 10,00, R$ 15,00, R$ 25,00)*.

Portanto, a probabilidade de ocorrência de valores entre os pontos 12 e 19, isto é, a área sobre a função e o eixo das abscissas entre os pontos 12 e 19, é dado por:

$$P(x \leq R\$19) - P(x \leq R\$12) = 0{,}760 - 0{,}053 = 0{,}707$$

Exercícios

1. Com que tipo de fatores de risco quantitativos nos deparamos durante a construção de modelos estocásticos de análise de risco?
   a) Categóricos e numéricos.
   b) Constantes e variáveis.
   c) Contínuos e discretos.
   d) De primeira e de segunda ordem.

2. O que são fatores de risco discretos?
   a) São aqueles que são distintos dos demais.
   b) São os que assumem valores em conjuntos de valores discretos.
   c) São os que frequentemente passam despercebidos ao analista de risco.
   d) São os que não se fazem sentir com intensidade.

3. Que são fatores de risco contínuos?
   a) São aqueles que assumem valores em conjuntos de valores contínuos.
   b) São aqueles que nos acompanham por toda a nossa vida.
   c) São aqueles que perduram do início ao fim do projeto.
   d) São aqueles que se modificam constantemente no decorrer do tempo.

4. Uma das características mais marcantes dos conjuntos numéricos de valores discretos é:
   a) Entre quaisquer dois elementos do conjunto, existe um número finito de elementos.

b) Quase sempre possuem um número relativamente pequeno de elementos.

c) Trata-se de conjuntos finitos de elementos.

d) Trata-se de conjuntos infinitos de elementos.

5. Dentre os conjuntos de palavras que se seguem, qual completa corretamente o sentido da sentença:

> "Uma das características mais importantes dos conjuntos numéricos de valores contínuos é que, entre quaisquer dois elementos do conjunto, existe um número ________ de elementos."

a) Infinito.

b) Finito.

c) Muito grande.

d) Muito pequeno.

6. Indique se os conjuntos que se seguem são contínuos (**C**) ou discretos (**D**):

[ ]	{ 0, 1, 2, 3 e 4 }
[ ]	Conjunto das frequências maiores ou iguais a 120 mega-hertz;
[ ]	{ 10%, 20%, 40%, 60%, 100% },
[ ]	Conjunto de todos os valores contidos entre 1 hora e 5 horas;
[ ]	Conjunto dos valores maiores ou iguais que 70 quilogramas e menores ou iguais que 100 quilogramas;
[ ]	{ 0h, 4h, 8h, 12h, 14h, 16h, 20h },

7. Por que é importante distinguir os fatores de risco (quantitativos) discretos dos contínuos?

a) Cada tipo é modelado por tipos diferentes de funções de distribuição de probabilidade.

b) Faz parte da história do desenvolvimento da análise de risco.

c) Taxonomia é sempre um elemento importante no processo de aprendizagem.

d) Torna evidente que ambos os tipos de risco quantitativos são modelados pelo mesmo tipo de função.

8. Dentre os conjuntos de palavras que se seguem, qual completa corretamente a sentença?

   "As ______ , em geral, podem ser descritas em tabelas de distribuição de probabilidade com um número finito de linhas."

   a) Funções de distribuição de probabilidade complexas.
   b) Funções de distribuição de probabilidade contínuas.
   c) Funções de distribuição de probabilidade discretas.
   d) Funções de distribuição de probabilidade infinitas.

9. Seja P uma função de distribuição de probabilidade discreta, neste caso, para um dado valor x, P(x) retorna:

   a) A probabilidade de ocorrência de valores maiores que x.
   b) A probabilidade de ocorrência de valores diferentes de x.
   c) A probabilidade de ocorrência de valores menores ou iguais a x.
   d) A probabilidade de ocorrência de x.

10. O que acontece com o valor da função $f(x)=\frac{n}{x}$, onde n é uma constante, à medida que o valor de *x* aumenta?

   a) Aproxima-se, rapidamente, de zero.
   b) Cresce indefinidamente.
   c) Permanece constante.
   d) Nenhuma das respostas anteriores.

11. A probabilidade de ocorrência de um elemento em particular em um conjunto infinito de elementos é:

   a) ∞
   b) Diferente de zero.

c) Zero.

d) Nenhuma das respostas anteriores.

12. A probabilidade de ocorrência de valores entre quaisquer dois elementos distintos de um conjunto infinito de valores

a) É infinita.

b) Pode ser diferente de zero.

c) É sempre diferente de zero.

d) É sempre igual a zero.

13. Uma função de distribuição de probabilidade contínua nos ajuda a raciocinar

a) Sobre a probabilidade de ocorrência de valores entre quaisquer dos valores do domínio da função.

b) Sobre a probabilidade de ocorrência de valores entre quaisquer dois valores que um fator de risco contínuo pode assumir.

c) Sobre a probabilidade de ocorrência de valores maiores que um determinado valor, no domínio da função.

d) Sobre a probabilidade de ocorrência de valores menores que um determinado valor, no domínio da função.

e) Todas as respostas anteriores.

14. A função de distribuição de probabilidade triangular possui

a) Três parâmetros, a saber *min, mp, max.*

b) Um valor em torno do qual valores acorrem com mais frequência.

c) Um valor máximo.

d) Um valor mínimo.

e) Todas as respostas anteriores.

15. O nome da função de distribuição de probabilidade triangular tem origem

a) No fato dela ter sido concebida por três pessoas distintas.

b) No formato do gráfico da função de distribuição de probabilidade.

c) No nome do autor da função.

d) Nenhuma das respostas anteriores.

16. Entre os valores que se seguem, qual, com certeza, não faz parte do domínio da função *Triang*(R$ 10, R$ 15, R$ 25)?

    a) R$ 10

    b) R$ 15

    c) R$ 25

    d) R$ 35

17. Considere a função de distribuição de probabilidade *Triang*(R$ 10, R$ 15, R$ 25). A probabilidade de ocorrência do valor R$15 é

    a) Maior do que a probabilidade de ocorrência do valor R$ 10 e R$ 25.

    b) Maior que zero.

    c) Menor do que a probabilidade de ocorrência do valor R$ 10 somada a probabilidade de ocorrência do valor R$ 25.

    d) Zero.

18. Considere a função de distribuição de probabilidade *Triang* (R$ 10, R$ 15, R$ 25). A probabilidade de ocorrência de valores entre R$ 10 e R$ 15 é

    a) Diferente de zero.

    b) Igual a zero.

    c) Menor do que zero.

    d) Negativa.

19. Considere a função de distribuição de probabilidade *Triang* (R$10, R$15, R$ 25). A probabilidade de ocorrência de valores em torno de R$ 15 é

    a) Diferente de zero.

    b) Positiva.

    c) Maior do que a probabilidade de ocorrência de valores próximos de R$ 10 ou R$ 25.

    d) Todas as respostas anteriores.

20. Se, em uma função de distribuição de probabilidade triangular, a probabilidade de ocorrência de valores menores ou iguais a R$ 19 é 0,760 e a probabilidade de ocorrência de valores menores de R$ 12 é 0,053, então a probabilidade de ocorrência de valores entre R$ 19 e R$ 12 é

    a) 0,543
    b) 0,707
    c) 0,987
    d) 2,567

Respostas dos Exercícios

1. c
2. b
3. a
4. a
5. a
6. D C D C C D
7. a
8. c
9. d
10. a
11. c
12. b
13. e
14. e
15. b
16. d
17. d
18. a
19. d
20. b

7. Estudo de Caso: The Kitty Cat Co.

AO FINAL DESTE CAPÍTULO VOCÊ DEVERÁ SABER:

O que é a The Kitty Cat Co.

Quem é Abdel Mageed Asyut.

Que problemas a Kitty Cat está enfrentando.

Como a Kitty Cat pretende resolver este problema.

Como a análise de risco pode ajudar a Kitty Cat a resolver os seus problemas.

THE KITTY CAT CO.

O Caso The Kitty Cat Co.

A empresa

The Kitty Cat Co. é uma cadeia de lojas canadenses especializada na venda de gatos de raça e de acessórios e comidas para gatos.

A Kitty Cat é, provavelmente, a única cadeia de lojas de seu gênero em todo o mundo.

Segundo Abdel Mageed Asyut, fundador e principal executivo da Kitty Cat, o alto grau de qualidade e especialização dos serviços e produtos oferecidos pela empresa é onde reside o segredo do estrondoso sucesso que a corporação vem obtendo ao longo dos anos.

Em menos de cinco anos, de uma única loja na cidade de Londres, na Província de Ontário, a Kitty Cat galgou a posição de cadeia de lojas nacional, com pontos de venda em todas as principais cidades canadenses, do Yukon à Ilha do Príncipe Eduardo.

A natureza do problema

A despeito do sucesso experimentado pela empresa, uma pesquisa de mercado encomendada recentemente pelo senhor Asyut concluiu que, embora a marca Kitty Cat tenha excelente penetração no mercado (um número expressivo de entrevistados demonstrou conhecer a marca), surpreendentemente, uma parte significativa dos clientes em potencial (*prospects*) ainda não havia experimentado nenhum dos serviços ou produtos oferecidos pela empresa.

Na visão de senhor Asyut, o resultado da pesquisa mostra claramente que existe muito espaço para o crescimento da marca Kitty Cat e que a empresa precisa redirecionar seus investimentos em marketing.

Como a Kitty Cat está voltada para um público muito específico, a direção da empresa optou por embarcar em um programa de captação e fidelização de clientes baseado em marketing de relacionamento[17].

---

[17]Marketing de relacionamento é uma técnica de desenvolvimento de produtos que concede aos clientes de uma empresa benefícios diferenciados em troca da preferência destes clientes pelos produtos e serviços da empresa.

Para que o programa de marketing de relacionamento da KITTY CAT possa ser executado é vital que um sistema de informações para suporte a decisões de marketing seja implementado nos próximos meses.

Um grupo de funcionários da empresa foi designado para selecionar e comprar este sistema. Entretanto, após examinar, exaustivamente, as várias opções oferecidas pelo mercado, eles concluíram que nenhum dos produtos disponíveis atendia às necessidades de longo prazo da KITTY CAT.

Em consequência, a direção da empresa resolveu optar por fazer o desenvolvimento do sistema *in house* (com os recursos disponíveis dentro da própria empresa). Entretanto, antes de adotar esta solução, a direção da KITTY CAT deseja saber quanto tempo o sistema levará para ficar pronto e quanto irá custar.

Os módulos do sistema

O sistema a ser desenvolvido consta de seis módulos, a saber:

- Módulo I – armazenamento, recuperação e atualização de informações demográficas, psicográficas e geográficas de clientes e *prospects*;
- Módulo II – armazenamento, recuperação e atualização de informações relativas aos hábitos de compra de clientes;
- Módulo III – contabilização dos pontos e concessão de prêmios (benefícios);
- Módulo IV – armazenamento, recuperação e atualização de informações relativas a campanhas e ações de marketing;
- Módulo V – análise de tendências e suporte gráfico e
- Módulo VI – interfaces externas e *backup*.

A Figura 7.1 mostra a relação de dependência para o desenvolvimento dos módulos do sistema de informações, conforme estabelecido pela equipe de analistas de sistemas da KITTY CAT.

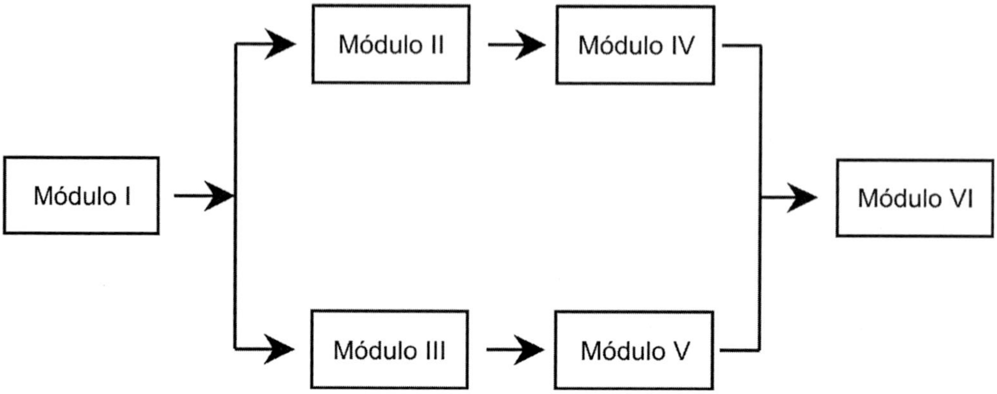

Figura 7.1. Dependência entre os módulos do sistema de informação para suporte a decisões de marketing da KITTY CAT.

As estimativas

Como o projeto de desenvolvimento do sistema de informações será realizado no futuro e como o futuro é intrinsecamente incerto, os únicos dados que os analistas da empresa têm à disposição para calcular o custo e a duração do projeto são as estimativas fornecidas pelos especialistas em informática que trabalham para a KITTY CAT.

A Figura 7.2 mostra as estimativas geradas pela equipe de analistas da empresa para a duração do desenvolvimento de cada um dos módulos do sistema.

Módulo	Duração (semanas)		
	Mínima	Mais Provável	Máxima
Módulo I	2	3	6
Módulo II	3	6	8
Módulo III	4	6	7
Módulo IV	2	4	5
Módulo V	7	9	11
Módulo VI	1	1	2

Figura 7.2. Duração do desenvolvimento de cada um dos módulos do sistema de informação para suporte a decisões de marketing da KITTY CAT.

A Figura 7.3 mostra as estimativas geradas pelo mesmo grupo de analistas para o custo de desenvolvimento de cada módulo do sistema de informações.

Custo de Desenvolvimento por Semana (CN$)			
Módulo	**Mínima**	**Mais Provável**	**Máxima**
Módulo I	3.694	5.541	11.082
Módulo II	4.941	9.882	13.176
Módulo III	6.988	10.482	12.229
Módulo IV	3.094	6.188	7.735
Módulo V	9.429	12.123	14.817
Módulo VI	1.447	1.447	2.894

Figura 7.3. Custo de desenvolvimento dos módulos do sistema de suporte a decisões de marketing da Kitty Cat.

Observe que o custo de desenvolvimento de cada módulo varia tanto de acordo com o número e tipo de pessoas alocadas ao projeto, quanto com os recursos de infraestrutura que o projeto utiliza (equipamentos, espaço físico, software etc.), que se modificam no decorrer do tempo, de módulo para módulo.

O modelo de análise de risco da duração do projeto

A Figura 7.4 mostra o modelo de análise de risco do projeto de desenvolvimento do sistema de suporte a decisões de marketing construído pelos analistas de sistemas da Kitty Cat, em uma planilha Excel, utilizando facilidades do *software* @Risk.

Observe que a célula B3 contém a data de início do projeto, que foi arbitrariamente escolhida como zero.

	A	B	C	D	E	F	G
1	Módulo	Início	Duração (semanas)				Término
2			Mínima	Mais Provável	Máxima	Estimada	
3	Módulo I	0,0	2	3	6	3,7	3,7
4	Módulo II	3,7	3	6	8	5,7	9,4
5	Módulo III	3,7	4	6	7	5,7	9,4
6	Módulo IV	9,4	2	4	5	3,7	13,1
7	Módulo V	9,4	7	9	11	9,0	18,4
8	Módulo VI	18,4	1	1	2	1,3	19,7

Figura 7.4. Modelo de risco da duração do projeto de desenvolvimento do sistema de suporte a decisões de marketing da Kitty Cat.

A Figura 7.5 expõe as fórmulas utilizadas nas células de G3 a G8. Note que o término de cada módulo é simplesmente a soma da data de início das atividades de desenvolvimento do módulo com a duração estimada para o seu desenvolvimento.

	A	B	C	D	E	F	G
1	Módulo	Início	Duração (semanas)				Término
2			Mínima	Mais Provável	Máxima	Estimada	
3	Módulo I	0,0	2	3	6	3,7	=B3+F3
4	Módulo II	3,7	3	6	8	5,7	=B4+F4
5	Módulo III	3,7	4	6	7	5,7	=B5+F5
6	Módulo IV	9,3	2	4	5	3,7	=B6+F6
7	Módulo V	9,3	7	9	11	9,0	=B7+F7
8	Módulo VI	18,3	1	1	2	1,3	=RiskOutput() + B8+F8

Figura 7.5. Modelo de risco da duração do desenvolvimento de cada módulo do sistema de suporte a decisões de marketing.

É importante lembrar que, embora a função RiskOutput() utilizada na célula F8 sempre retorne o valor zero, ela sinaliza ao @Risk que durante o processo de simulação os valores armazenados na célula F8 devem ser coletados e armazenados para futuras análises.

Por exemplo, no cenário[18] apresentado na Figura 7.4, o Módulo II começa quando decorridas 3,7 semanas do início do projeto, tendo duração estimada de 5,7 semanas. Portanto, naquele cenário, as atividades de desenvolvimento do Módulo II terminam 3,7 + 5,7 = 9,4 semanas depois do início do projeto.

[18]Conjunto de valores possíveis para a solução de um problema.

Por sua vez, a Figura 7.6 expõe as fórmulas utilizadas nas células de B4 a B8 para o cálculo do início das atividades de desenvolvimento de cada módulo.

	A	B	C	D	E	F	G
1	Módulo	Início	Duração (semanas)				Término
2			Mínima	Mais Provável	Máxima	Estimada	
3	Módulo I	0,0	2	3	6	3,7	3,7
4	Módulo II	=G3	3	6	8	5,7	9,3
5	Módulo III	=G3	4	6	7	5,7	9,3
6	Módulo IV	=G4	2	4	5	3,7	13,0
7	Módulo V	=G5	7	9	11	9,0	18,3
8	Módulo VI	=MÁXIMO(G6:G7)	1	1	2	1,3	19,7

Figura 7.6. Fórmulas utilizadas para calcular o início do desenvolvimento de cada módulo do sistema de suporte a decisões de marketing da Kitty Cat.

Note que, em sintonia com a relação de dependência entre os módulos estabelecida pela equipe de analistas de sistema da Kitty Cat na Figura 7.1:

- As atividades de desenvolvimento dos Módulos II e III começam quando o desenvolvimento do Módulo I termina;
- As atividades de desenvolvimento dos Módulos IV e V começam quando terminam, respectivamente, o desenvolvimento dos Módulos II e III e
- O processo de desenvolvimento do Módulo VI começa somente quando os processos de desenvolvimento tanto do Módulo IV quanto do Módulo V terminam.

Finalmente, a Figura 7.7 mostra que as células de F3 a F8 contêm funções de distribuição de probabilidade triangular, tendo como parâmetro as estimativas de duração do processo de desenvolvimento de cada módulo apresentadas na Figura 7.2.

As funções *RiskTriang* que aparecem nestas células são disponibilizadas pelo @Risk para modelagem de funções de distribuição de probabilidade triangulares. Elas possuem os mesmos parâmetros que a função *Triang(min,mp,max)* e retornam valores, entre o mínimo e o máximo, que se distribuem segundo esta função.

Note que essas funções de distribuição de probabilidade refletem as incertezas que circundam, naturalmente, o processo de desenvolvimento de cada módulo do sistema de informações, cuja duração real só será conhecida ao final do projeto.

	A	B	C	D	E	F	G
1	Módulo	Início	Duração (semanas)				Término
2			Mínima	Mais Provável	Máxima	Estimada	
3	Módulo I	0,0	2	3	6	=RiskTriang(C3;D3;E3)	3,7
4	Módulo II	3,7	3	6	8	=RiskTriang(C4;D4;E4)	9,3
5	Módulo III	3,7	4	6	7	=RiskTriang(C5;D5;E5)	9,3
6	Módulo IV	9,3	2	4	5	=RiskTriang(C6;D6;E6)	13,0
7	Módulo V	9,3	7	9	11	=RiskTriang(C7;D7;E7)	18,3
8	Módulo VI	18,3	1	1	2	=RiskTriang(C8;D8;E8)	19,7

Figura 7.7. Fórmulas utilizadas para estimar a duração das atividades de desenvolvimento de cada módulo do sistema de suporte a decisões de marketing da Kitty Cat.

As estimativas da duração do projeto

A Figura 7.8 apresenta diversos cenários para a duração das atividades de desenvolvimento de cada módulo do sistema gerados pelo @Risk, juntamente com o tempo total de duração do projeto fornecido pelo valor da célula G8.

Cenário	Duração do Processo de Desenvolvimento (semanas)						
	Módulo						Total
	I	II	III	IV	V	VI	
1	4,9	5,2	4,9	4,3	8,4	1,3	19,5
2	3,4	7,1	5,7	3,6	10,1	1,0	20,2
3	3,4	5,9	6,2	3,0	9,1	1,6	20,3
4	2,5	4,1	4,0	4,3	10,7	1,5	18,7
5	2,9	5,7	6,5	2,3	8,5	1,0	18,9
• • •	• • •						
1.000	3,8	6,3	5,7	3,5	9,7	1,2	20,4

Figura 7.8. Cenários possíveis para a duração do processo de desenvolvimento do sistema de suporte a decisões de marketing da Kitty Cat.

A Figura 7.9 apresenta uma tabela com a probabilidade da duração do projeto de desenvolvimento do sistema de suporte a decisões de marketing ser menor ou igual a um certo valor.

P(x ≤ X)	X (duração do projeto em semanas)
0,10	18,0
0,20	18,5
0,30	18,9
0,40	19,3
0,50	19,6
0,60	20,0
0,70	20,4
0,80	20,8
0,90	21,4
0,95	21,9

Figura 7.9. Probabilidade da duração do projeto de desenvolvimento do sistema de suporte a decisões de marketing da Kitty Cat ser menor ou igual a um determinado valor.

A Figura 7.10 apresenta o gráfico que corresponde à tabela apresentada na Figura 7.9. Tanto a tabela quanto o gráfico foram gerados a partir de dados fornecidos pelo @Risk.

As informações contidas tanto na tabela quanto no gráfico indicam que uma estimativa segura para a duração do projeto é 20,8 semanas, já que 80% dos valores gerados durante o processo de simulação são menores ou iguais a este valor.

Foi justamente esta estimativa que os analistas de sistemas forneceram à direção da empresa, que a considerou muito boa, não somente porque se ajusta às estratégias de negócio da Kitty Cat, mas também porque é perfeitamente factível de ser cumprida pela equipe de desenvolvimento do sistema de informações.

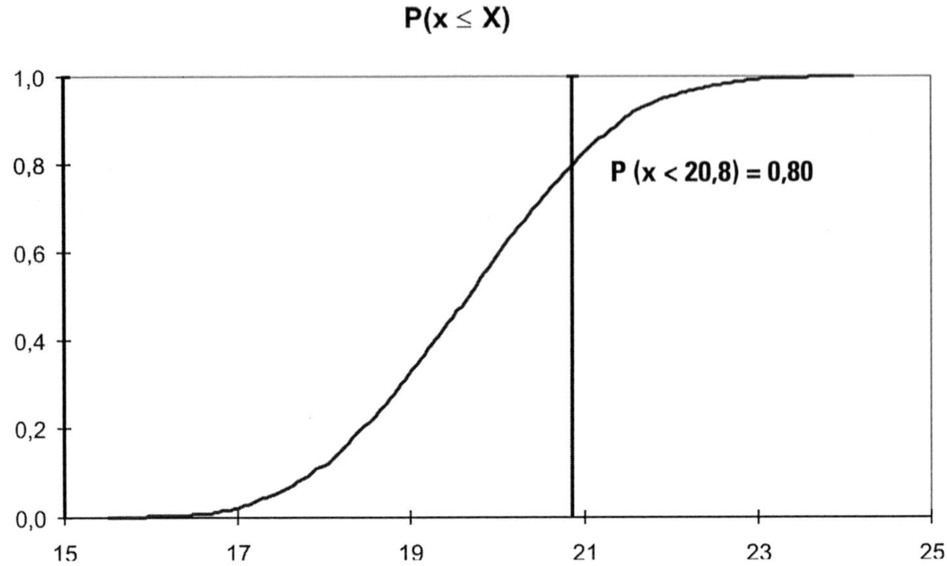

Figura 7.10. Probabilidade da duração do projeto de desenvolvimento do sistema de suporte a decisões de marketing ser menor ou igual a um determinado valor.

As estimativas do custo total do projeto

A Figura 7.11 apresenta o modelo de risco do custo do projeto de desenvolvimento do sistema de suporte a decisões de marketing da Kitty Cat.

Observe que o modelo de custo é, na verdade, uma extensão do modelo de risco da duração do projeto. O custo total do projeto é dado pelo valor que aparece na célula F18.

A Figura 7.12 apresenta as funções de distribuição de probabilidade utilizadas para modelar o custo de cada módulo. Conforme as equações que aparecem nas células de E12 a E17, trata-se de funções de distribuição de probabilidade triangulares, cujos parâmetros *mínimo*, *mais provável* e *máximo* foram estabelecidos pelos analistas de sistemas da Kitty Cat na tabela que aparece na Figura 7.3.

	A	B	C	D	E	F	G
1	**Módulo**	**Início**	**Duração (semanas)**				**Término**
2			**Mínima**	**Mais Provável**	**Máxima**	**Estimada**	
3	Módulo I	0,0	2	3	6	3,7	3,7
4	Módulo II	3,7	3	6	8	5,7	9,4
5	Módulo III	3,7	4	6	7	5,7	9,4
6	Módulo IV	9,4	2	4	5	3,7	13,1
7	Módulo V	9,4	7	9	11	9,0	18,4
8	Módulo VI	18,4	1	1	2	1,3	19,7
9							
10	**Módulo**	**Custo Semanal (CN$)**				**Total**	
11		**Mínima**	**Mais Provável**	**Máxima**	**Estimado**		
12	Módulo I	$3.694,00	$5.541,00	$11.082,00	$6.772,33	$24.831,89	
13	Módulo II	$4.941,00	$9.882,00	$13.176,00	$9.333,00	$53.198,10	
14	Módulo III	$6.988,00	$10.482,00	$12.229,00	$9.899,67	$56.428,10	
15	Módulo IV	$3.094,00	$6.188,00	$7.735,00	$5.672,33	$20.987,63	
16	Módulo V	$9.429,00	$12.123,00	$14.817,00	$12.123,00	$109.107,00	
17	Módulo VI	$1.447,00	$1.447,00	$2.894,00	$1.929,33	$2.508,13	
18					**Total**	$267.060,86	

Figura 7.11. Modelo de risco para o custo do desenvolvimento do sistema de informações para suporte a decisões de marketing da KITTY CAT.

	A	B	C	D	E	F	G
1	**Módulo**	**Início**	**Duração (semanas)**				**Término**
2			**Mínima**	**Mais Provável**	**Máxima**	**Estimada**	
3	Módulo I	0,0	2	3	6	3,7	3,7
4	Módulo II	3,7	3	6	8	5,7	9,4
5	Módulo III	3,7	4	6	7	5,7	9,4
6	Módulo IV	9,4	2	4	5	3,7	13,1
7	Módulo V	9,4	7	9	11	9,0	18,4
8	Módulo VI	18,4	1	1	2	1,3	19,7
9							
10	**Módulo**	**Custo Semanal (CN$)**				**Total**	
11		**Mínima**	**Mais Provável**	**Máxima**	**Estimado**		
12	Módulo I	$3.694,00	$5.541,00	$11.082,00	=RiskTriang(B12;C12;D12)	$24.831,89	
13	Módulo II	$4.941,00	$9.882,00	$13.176,00	=RiskTriang(B13;C13;D13)	$53.198,10	
14	Módulo III	$6.988,00	$10.482,00	$12.229,00	=RiskTriang(B14;C14;D14)	$56.428,10	
15	Módulo IV	$3.094,00	$6.188,00	$7.735,00	=RiskTriang(B15;C15;D15)	$20.987,63	
16	Módulo V	$9.429,00	$12.123,00	$14.817,00	=RiskTriang(B16;C16;D16)	$109.107,00	
17	Módulo VI	$1.447,00	$1.447,00	$2.894,00	=RiskTriang(B17;C17;D17)	$2.508,13	
18					**Total**	$267.060,86	

Figura 7.12. Funções de distribuição de probabilidade triangulares utilizadas no modelo de risco para o custo do desenvolvimento do sistema de informações para suporte a decisões de marketing da KITTY CAT.

A Figura 7.13 expõe as fórmulas que relacionam o desenvolvimento de cada módulo com sua duração. Neste sentido, o custo de desenvolvimento de um determinado módulo é simplesmente a multiplicação do seu custo semanal estimado pela sua duração estimada.

Por exemplo, no cenário apresentado na Figura 7.11 o custo semanal de desenvolvimento do Módulo VI é de CN$ 1.929,33 e o tempo de duração do módulo é de 1,3 semana; portanto, o custo total de desenvolvimento do módulo, que aparece na célula F17, é de

$$\text{CN\$ } 2.508{,}13 = \text{CN\$ } 1.929{,}33 \text{ p/semana} \times 1{,}3 \text{ semana}$$

Embora a função RiskOutput() utilizada nas células F18 sempre retorne o valor zero, ela sinaliza ao @Risk que, durante o processo de simulação, os valores armazenados naquela célula devem ser coletados e armazenados para futuras análises.

	A	B	C	D	E	F	G
1	Módulo	Início	Duração (semanas)				Término
2			Mínima	Mais Provável	Máxima	Estimada	
3	Módulo I	0,0	2	3	6	3,7	3,7
4	Módulo II	3,7	3	6	8	5,7	9,4
5	Módulo III	3,7	4	6	7	5,7	9,4
6	Módulo IV	9,4	2	4	5	3,7	13,1
7	Módulo V	9,4	7	9	11	9,0	18,4
8	Módulo VI	18,4	1	1	2	1,3	19,7
9							
10	Módulo	Custo Semanal (CN$)				Total	
11		Mínima	Mais Provável	Máxima	Estimado		
12	Módulo I	$3.694,00	$5.541,00	$11.082,00	$6.772,33	=E12*F3	
13	Módulo II	$4.941,00	$9.882,00	$13.176,00	$9.333,00	=E13*F4	
14	Módulo III	$6.988,00	$10.482,00	$12.229,00	$9.899,67	=E14*F5	
15	Módulo IV	$3.094,00	$6.188,00	$7.735,00	$5.672,33	=E15*F6	
16	Módulo V	$9.429,00	$12.123,00	$14.817,00	$12.123,00	=E16*F7	
17	Módulo VI	$1.447,00	$1.447,00	$2.894,00	$1.929,33	=E17*F8	
18					Total	=RiskOutput() + SOMA(F12:F17)	

Figura 7.13. Fórmulas que relacionam as estimativas de custo do projeto de desenvolvimento do sistema de informações para suporte a decisões de marketing da Kitty Cat com a sua duração.

A Figura 7.14 apresenta diversos cenários para o custo de desenvolvimento de cada um dos módulos que compõem o sistema de informações para suporte a decisões de marketing da Kitty Cat, juntamente com o custo total do projeto fornecido pelo valor da célula F18. Estes cenários foram gerados com a ajuda do @Risk.

Cenário	Custo do Projeto de Desenvolvimento do Sistema de Informações (CN$)						
	Módulo						Total
	I	II	III	IV	V	VI	
1	1.6646,81	4.0699,01	6.0736,32	2.6947,72	9.4514,21	2.476,44	242.020,50
2	36.902,13	64.082,40	66.620,65	23.904,18	129.905,54	1.754,75	323.169,66
3	59.067,11	77.593,26	62.305,09	16.340,41	118.781,77	1.629,31	335.716,96
4	18.036,01	43.511,50	56.573,14	18.339,75	124.730,67	1.877,23	263.068,31
5	22.318,76	43.549,84	62.394,53	14.723,16	102.137,85	3.789,12	248.913,27
• • •	• • •						
1.000	31.903,53	82.038,94	64.897,77	26.708,00	95.390,80	2.846,95	303.785,98

Figura 7.14. Cenários possíveis para o custo do projeto de desenvolvimento do sistema de suporte a decisões de marketing da Kitty Cat.

A Figura 7.15 apresenta uma tabela com a probabilidade do custo do projeto de desenvolvimento de um sistema de suporte a decisões de marketing ser menor ou igual a um certo valor.

X (CN$)	$P(x \leq X)$
236.374,30	0,10
246.453,90	0,20
253.448,30	0,30
259.538,60	0,40
265.966,50	0,50
272.254,90	0,60
278.392,80	0,70
286.129,30	0,80
296.897,80	0,90
304.647,30	0,95

Figura 7.15. Probabilidade do custo do projeto de desenvolvimento do sistema de suporte a decisões de marketing da Kitty Cat ser menor ou igual a um determinado valor.

A Figura 7.16 apresenta o gráfico correspondente aos dados apresentados na Figura 7.15. É importante mencionar que tanto a tabela quanto o gráfico foram gerados a partir de dados fornecidos pelo @Risk.

As informações contidas na tabela e no gráfico indicam que uma estimativa segura para o custo total do projeto é de CN$ 286.129,30. Observe que a probabilidade deste valor não ser superado é de 0,80.

Foi esta estimativa que os analistas de sistemas da Kitty Cat forneceram à direção da empresa, que a considerou razoável, dado que não onera excessivamente o caixa da empresa e que é perfeitamente factível de ser cumprida pela equipe de desenvolvimento do sistema de informações.

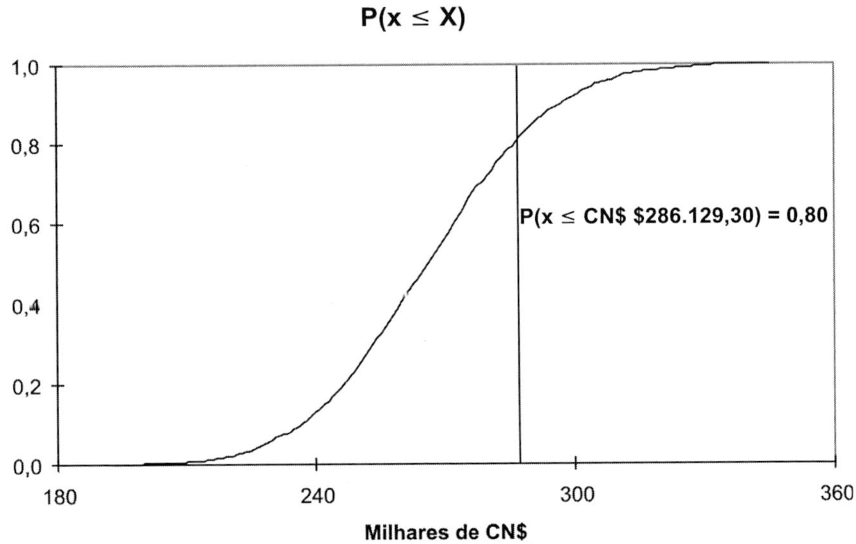

Figura 7.16. Probabilidade do custo do projeto de desenvolvimento do sistema de suporte a decisões de marketing ser menor ou igual a um determinado valor.

O que aprendemos com o Caso The Kitty Cat Co?

Uma das lições mais importantes que o caso The Kitty Cat Co. nos propicia é que o universo de fatores de riscos quantitativos com que lidamos pode ser dividido em dois grandes conjuntos: o dos fatores de riscos discretos e o dos fatores de risco contínuo.

Durante a construção de modelos de risco quantitativos esses dois tipos de fatores de risco são modelados com a ajuda de funções de distribuição de probabilidades diferentes.

Enquanto as funções de distribuição de probabilidade discretas associam cada valor que um determinado fator de risco quantitativo pode assumir à probabilidade de ocorrência deste valor, as funções de distribuição de probabilidade contínuas nos permitem raciocinar sobre a ocorrência de valores entre qualquer par de valores que um fator de risco contínuo pode assumir.

Dentre as diversas funções de distribuição de probabilidades contínuas que estão à nossa disposição, a função triangular é particularmente útil para capturar, com estimativas do valor mínimo, mais provável e máximo, a opinião de especialistas nas mais diversas áreas de conhecimento.

Para se estabelecer uma estimativa segura para o valor que um determinado fator de risco quantitativo deverá assumir durante a execução de um projeto, precisamos construir uma tabela ou gráfico que mostre como a probabilidade de ocorrência de valores se acumula ao longo do eixo de todos os valores possíveis que o fator de risco pode assumir.

Embora a escolha da estimativa adequada a cada projeto dependa da parcela de risco que a empresa está disposta a assumir, uma estimativa segura é o valor que tenha probabilidade 0,80 de não ser superado.

Exercícios

1. Que instrumento levou o senhor Asyut a concluir que, embora a marca KITTY CAT tenha excelente penetração no mercado, uma parte significativa dos clientes em potencial ainda não havia experimentado nenhum dos serviços ou produtos oferecidos pela empresa?
   a) Artigos publicados em jornais e revistas.
   b) Conselho de amigos e vizinhos.
   c) Conversa com os principais executivos da empresa.
   d) Pesquisa de mercado.

2. Que instrumento de marketing o senhor Asyut deseja utilizar para aumentar a sua base de clientes?
   a) Marketing de massa.
   b) Marketing de rede.
   c) Marketing de relacionamento.
   d) Marketing pessoal.
3. Que tipo de sistema de informação a empresa pretende desenvolver?
   a) Para análise de mercado.
   b) Para controle de estoque.
   c) Para suporte a decisões de marketing.
   d) Para suporte à equipe de vendas.
4. Para a realização de que tarefa os analistas de sistemas da empresa utilizaram modelos quantitativos para análise de risco?
   a) Calcular o custo e o tempo de duração do projeto.
   b) Estimar o número de clientes que a empresa possui.
   c) Estimar o número de clientes que a empresa vai capturar no futuro próximo.
   d) Prever o lucro esperado da empresa para o próximo trimestre.
5. Que característica do sistema fez com que a utilização de modelos quantitativos para análise de risco se tornasse uma opção atrativa?
   a) Necessidade de inovar no desenvolvimento do sistema.
   b) O sistema será comprado de fornecedores pouco confiáveis.
   c) O sistema será desenvolvido no futuro.
   d) Premência da empresa para o desenvolvimento do sistema.
6. De onde surgiram os dados para a calibragem das estimativas de três pontos utilizadas pela equipe de analistas na construção do modelo de risco?
   a) Base de dados externa oriunda de empresa especializada em análise de risco.
   b) Dados históricos coletados pela empresa.

c) Estimativas de especialistas.

d) Palpite (chute) do presidente da empresa.

7. Por que a data de início do projeto no modelo de risco quantitativo foi arbitrariamente escolhida como zero?

   a) Ninguém sabia informar quando o projeto iria começar.

   b) Ninguém teve uma ideia melhor.

   c) O zero é o elemento neutro da soma.

   d) Torna o modelo mais genérico.

8. Por que a equipe de projeto apresentou uma estimativa de 20,8 semanas para a duração do projeto?

   a) A probabilidade de esta estimativa ser excedida é 0,20.

   b) 80% das durações de projeto geradas durante o processo de simulação foram menores do que este valor.

   c) As chances de a equipe conseguir realizar o projeto dentro deste prazo são boas.

   d) Todas as respostas anteriores.

9. Por que a equipe de projeto apresentou uma estimativa de CN$ 286.129,30 para o custo de realização do projeto?

   a) A probabilidade de esta estimativa ser excedida é 0,20.

   b) 80% dos custos de projeto gerados durante o processo de simulação foram menores do que este valor.

   c) As chances de a equipe conseguir realizar o projeto dentro deste valor são boas.

   d) Todas as respostas anteriores.

10. Que tipos de fatores de risco quantitativos foram identificados durante o desenvolvimento do modelo de risco?

    a) Categóricos e ordinais.

    b) Discretos e contínuos.

c) Intervalares e de razão.

d) Pequenos e grandes.

11. Como os diferentes tipos de fatores de risco identificados durante o processo de desenvolvimento do modelo de risco foram modelados?

    a) Com funções de distribuição de probabilidade de segunda ordem.

    b) Com funções de distribuição de probabilidade discretas e contínuas.

    c) Todos foram modelados com estimativas de três pontos.

    d) Todos foram modelados com a função de Poisson.

12. Que instrumento foi utilizado para estabelecer uma estimativa segura para o valor que um determinado fator de risco quantitativo deverá assumir durante a execução de um projeto?

    a) Tabela ou gráfico que mostre como a probabilidade de ocorrência de valores se acumula ao longo do eixo de todos os valores possíveis que o fator de risco pode assumir.

    b) Processo de simulação de Monte Carlo.

    c) Funções de distribuição de probabilidade.

    d) Todas as respostas anteriores.

Respostas dos Exercícios

1. d
2. c
3. c
4. a
5. c
6. c
7. d
8. d
9. d
10. b
11. b
12. d

8. Risco e a Lei das Compensações

AO FINAL DESTE CAPÍTULO VOCÊ DEVERÁ SABER:

A função de distribuição de probabilidade normal.

Que tipo de fator de risco segue a distribuição de probabilidade normal.

O que é o teorema central do limite.

Quem foi o responsável pela elaboração e prova do teorema.

Como o teorema central do limite pode nos auxiliar na construção de modelos de risco.

Como identificar oportunidades para aplicação do teorema.

A função de distribuição de probabilidade normal

Conta a história que, em meados do século XVII, o matemático francês Abraham de Moivre (1667-1754) descreveu, com uma única equação, uma família de funções de distribuição de probabilidade no formato de um sino invertido que se convencionou chamar de função de distribuição de probabilidade normal. A Figura 8.1 apresenta a equação concebida por Moivre.

$$Normal(\mu,\sigma)(x) = \frac{1}{\sigma\sqrt{2\pi}} e^{\frac{(x-\mu)^2}{2\sigma^2}},$$

onde:

- $-\infty \leq x \leq +\infty$
- $\pi = 3,14159\ldots,$
- $e = 2,71828\ldots,$
- μ *é o valor médio da função* e
- σ *é o desvio padrão da função*

Figura 8.1. Fórmula que fornece o valor que uma função de distribuição de probabilidade $Normal(\mu,\sigma)$ assume para diferentes valores de x.

Observe que a equação proposta por Abraham de Moivre faz uso de dois parâmetros para descrever qualquer uma das funções pertencentes a esta família: a média e o desvio padrão, além das constantes *pi* e *e*.

Para aqueles que não estão familiarizados com o cálculo do desvio padrão, vale lembrar que se trata de uma medida de dispersão dos dados em relação à média dada pela seguinte fórmula:

$$\sigma = \sum_{i=1}^{n} \frac{(x_i - \mu)^2}{n},$$

onde μ é a média e n é a quantidade total de observações.

Por exemplo, considere os valores 0, 2, 4, 6, 8,10, 12, 14, 16 e 18.

Neste caso a média é dada por: $\frac{0+2+4+\cdots+18}{10} = 9{,}0$. Em consequência, o desvio padrão é dado por:

$$\frac{(0-9)^2 + (2-9)^2 + (4-9)^2 + \cdots + (18-9)^2}{10} = 5{,}74$$

A Figura 8.2 apresenta alguns valores da função *Normal*(10,2), isto é, da função de distribuição de probabilidade normal com média 10 e desvio padrão 2. O gráfico correspondente a esta função foi apresentado na Figura 8.3.

x	$Normal(10,2)(x)$
6,5	0,043
7,0	0,065
7,5	0,091
8,0	0,121
8,5	0,151
9,0	0,176
9,5	0,193
10,0	0,199

(*continua*)

x	$Normal(10{,}2)(x)$
10,5	0,193
11,0	0,176
11,5	0,151
12,0	0,121
12,5	0,091
13,0	0,065
13,5	0,043

Figura 8.2. Valores da função de distribuição de probabilidade $Normal(10{,}2)(x)$ para diversos valores de x.

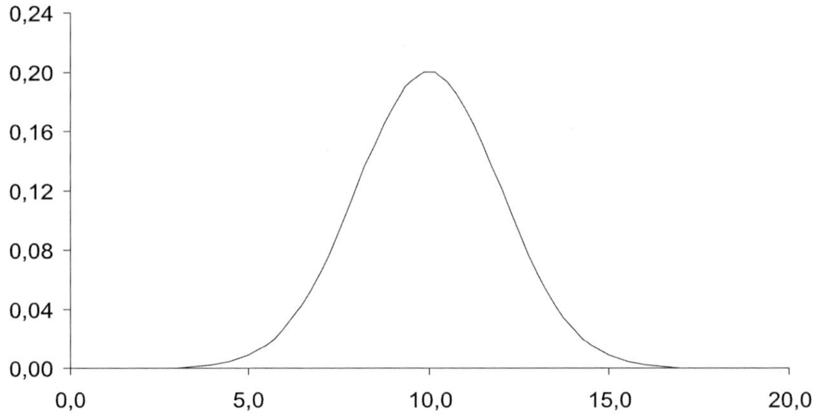

Figura 8.3. Função de distribuição de probabilidade normal.

Tão surpreendente quanto a simplicidade e a beleza da equação concebida por Moivre num período da história onde os únicos recursos disponíveis eram lápis e papel, é o fato de várias grandezas físicas, tais como peso, altura e volume de seres vivos e objetos, se distribuírem segundo uma normal.

Por exemplo, a altura dos brasileiros adultos se distribui segundo uma normal, assim como o peso, o diâmetro do cérebro, o tamanho dos pés, a largura do tórax etc. Distribui-se também como uma normal a altura das árvores de uma mesma espécie, o tamanho das folhas destas árvores, o peso de seus frutos etc.

Em adição, a função normal também serve de base para toda uma área da estatística chamada inferência, que nos possibilita tirar conclusões sobre o comportamento de uma população através da análise de amostras aleatórias.

Em decorrência, nos dias de hoje, a normal é provavelmente a função de distribuição de probabilidade mais utilizada em toda a estatística, servindo de base para o estudo quantitativo de fenômenos físicos, biológicos e sociais.

O Teorema Central do Limite

Entretanto, é preciso que se diga que uma parcela considerável da abrangência do uso da função normal se deve ao trabalho de um outro matemático francês chamado Pierre-Simon Laplace (1749-1827), que, no início do século XIX, descobriu uma intrigante propriedade das variáveis aleatórias que as conectavam à função normal de uma forma inusitada.

Segundo Laplace,

> *A soma de n variáveis aleatórias $X_1 + X_2 + \cdots + X_n$, tendo, cada uma, a mesma distribuição de probabilidade, com média μ e desvio padrão finito σ, se aproxima de uma distribuição normal com média n x μ e desvio padrão σ x $\sqrt{n}$, à medida que n aumenta.*

Embora, neste ponto, tudo isso possa parecer extremante criptográfico para o leitor, é importante se ter em mente que, frequentemente, na elaboração de modelos de risco quantitativos, nos deparamos com somas de variáveis aleatórias que possuem a mesma distribuição de probabilidade, com média e desvio padrão conhecidos.

Nestes casos, a descoberta de Laplace permite uma redução considerável do esforço de desenvolvimento destes modelos, propiciando soluções simples e elegantes para problemas que dificilmente poderiam ser modelados de outra forma.

Vamos colocar todos estes conceitos em prática através de um exemplo ilustrativo.

O Caso da Blue Bird Rent a Car

A Blue Bird Rent a Car é uma empresa de aluguel de automóveis com sede na cidade de Wellington, na Nova Zelândia.

O aumento substancial do fluxo de turistas na Nova Zelândia nestes últimos anos fez com que o governo promovesse uma liberalização generalizada do mercado de aluguel de automóveis, como forma de atender mais rapidamente à demanda crescente por carros de aluguel.

Em consequência, várias empresas estrangeiras se instalaram na cidade, o mercado de aluguel de automóveis se tornou extremamente competitivo, as margens de lucro diminuíram substancialmente e o nível de exigência do consumidor em relação aos automóveis que deseja alugar aumentou sobremaneira.

Se, no passado recente, o consumidor se contentava em alugar modelos de automóveis com dois ou mais anos de uso, hoje em dia ele demonstra uma clara preferência por automóveis novos, especialmente pelos modelos mais recentes dos principais fabricantes de automóveis.

Para evitar a perda de capital decorrente da venda de automóveis seminovos em boas condições de uso, a direção da Blue Bird planeja utilizar os carros que têm que ser retirados de frota de aluguel por conta das mudanças na preferência do consumidor para entrar no mercado de táxis, que conta com um público bem menos exigente.

Entretanto, antes de dar este passo, Tuhoe Haturini, principal executivo da empresa, deseja examinar algumas estimativas de custo da frota de 35 carros que pretende montar.

Neste ponto do projeto de avaliação de viabilidade do projeto, Haturini está interessado em estimar o custo diário do gasto com combustível, para o que ele conta com o conhecimento técnico de Wiremu Dantas, um consultor especializado na gestão de empresas de táxi.

De acordo com Dantas, cada táxi da frota deverá consumir entre quarenta e sessenta litros de gasolina sem chumbo por dia, sendo 48 o valor mais provável.

Por outro lado, ele considera que a melhor forma de manter os custos com combustíveis sob controle é negociar um contrato de abastecimento dos carros da futura frota de táxis, por um preço fixo, com uma das redes de postos de gasolina espalhados pela cidade.

Ele acredita que, neste caso, o preço fixo pelo litro da gasolina deve variar entre NZ$ 0,78 (setenta e oito centavos de dólar neozelandês) e NZ$ 0,90, sendo NZ$ 0,84 o valor mais provável. As Figuras 8.5 e 8.6 sumarizam estes valores.

Consumo Diário de Combustível (litros)		
Mínimo	**Mais Provável**	**Máximo**
40	48	60

Figura 8.5. Consumo diário de combustível de cada táxi da futura frota de táxis da Blue Bird.

Preço da Gasolina Sem Chumbo (NZ$ por litro)		
Mínimo	**Mais Provável**	**Máximo**
0,78	0,84	0,90

Figura 8.6. Preço que a Blue Bird deverá pagar por cada litro de gasolina

As fórmulas da média e do desvio padrão da função triangular

Na elaboração do modelo de risco que Wiremu Dantas construiu para a Blue Bird, ele fez uso de fórmulas que fornecem a média e o desvio de valores que se distribuem segundo uma função de densidade de probabilidade triangular. A Figura 8.7 sumariza estas fórmulas.

Função $Triang(min, mp, max)$	
Média	$\mu = \dfrac{min + mp + max}{3}$
Desvio padrão	$\sigma = \sqrt{\dfrac{(min^2 + mp^2 + max^2 - min \times mp - min \times max - mp \times max)}{18}}$

Figura 8.7. Média e desvio padrão de valores que se distribuem segundo uma função de densidade de probabilidade triangular.

Por exemplo, considere um conjunto de valores contínuos que se distribui segundo a função *Triang(40,48,60)*. A Figura 8.8 mostra o gráfico destes valores.

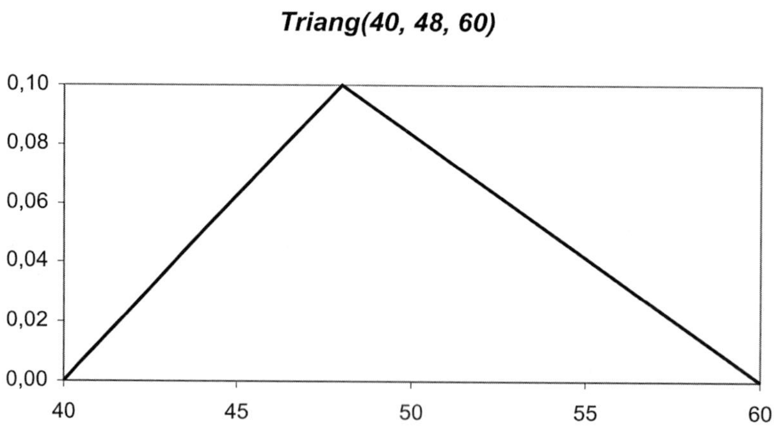

Figura 8.8. Conjunto de valores que se distribuem segundo a função *Triang(40,48,60)*.

Então a média e o desvio padrão deste conjunto de valores é dado por:

$$\frac{40+48+60}{3}=49,3$$

e

$$\sqrt{\frac{40^2+48^2+60^2-40\times48-40\times60-48\times60}{18}}=4,11$$

O modelo de risco da Blue Bird

A Figura 8.9 mostra o modelo de risco construído por Wiremu Dantas, em uma planilha Excel, com ajuda do @Risk, para estimar o consumo diário de combustível com os futuros automóveis da frota de táxis da BLUE BIRD.

	A	B	C	D	E	F
1	Quantidade de Carros			35		
2						
3	Consumo Diário de Combustível por Automóvel					
4	(litros)					
5	Min	MP	Max	Estimado	Média	D.P.
6	40	48	60	49,3	49,3	4,11
7						
8	Consumo Diário de Combustível da Frota (NZ$)					1.726,7
9					Média	1.726,7
10					D.P.	24,31

Figura 8.9. Modelo de risco do consumo diário de combustível da BLUE BIRD CABS.

Observe que o modelo faz uso tanto da estimativa do número de carros que a frota deverá possuir inicialmente, isto é, 35, quanto dos valores que balizam o consumo diário de combustível de cada automóvel, isto é: 40, 48 e 60 litros.

Observe também que, para o cenário descrito na Figura 8.9, a célula F8 contém uma estimativa possível para o consumo diário de combustível da frota, isto é 1.726,7 litros.

A Figura 8.10 expõe o conteúdo das células D6, E6 e F6. A célula D6 utiliza a Função *RiskTriang* do @Risk para gerar valores que se distribuem segundo a função *Triang(40,48,60)*. Estes valores representam o possível consumo de combustível diário de cada um dos automóveis da frota.

Por exemplo, de acordo com as estimativas estabelecidas por Wiremu, em um dia qualquer, um determinado automóvel da futura frota pode consumir 42 litros, enquanto um outro pode consumir cinquenta ou mesmo sessenta.

As células E6 e F6 utilizam as fórmulas apresentadas na Figura 8.7 para calcular a média e o desvio padrão de valores contínuos que se distribuem segundo a função *Triang(40,48,60)*.

	A	B	C	D	E	F	G	H	I	J
1	Quantidade de Carros			35						
2										
3	Consumo Diário de Combustível por Automóvel									
4	(litros)									
5	Min	MP	Max	Estimado	Média	D.P.				
6	40	48	60	=RiskTriang(A6;B6;C6)	=(A6+B6+C6)/3	=RAIZ((A6^2+B6^2+C6^2-A6*B6-A6*C6-B6*C6)/18)				
7										
8	Consumo Diário de Combustível da Frota (NZ$)					1.726,67				
9					Média	1726,67				
10					D.P.	24,31				

Figura 8.10. Fórmulas da média e do desvio padrão de valores que se distribuem segundo uma normal utilizada na construção do modelo de risco do consumo diário de combustível da Blue Bird Cabs.

Como ficará evidente logo adiante, estes valores são utilizados para, com a ajuda do Teorema Central do Limite, calcular o consumo diário de combustível da futura frota de táxis da Blue Bird.

A Figura 8.11 revela o conteúdo das células F8, F9 e F10. Note que, como se estima que o consumo diário de combustível de cada um dos futuros carros da frota se distribui segundo uma triangular, tendo como parâmetros 40, 48 e 60, o consumo diário de combustível total da frota é o resultado da soma de 35 funções triangulares tendo os mesmos parâmetros.

Ao invés de criar um modelo (uma planilha) contendo a soma de 35 funções *RiskTriang(40,48,60)*, Wiremu escolheu, sabiamente, utilizar o Teorema do Limite Central, substituindo esta soma por uma normal com média $35 \times \mu_{Triang(40,48,60)}$, isto é, 35 vezes a média dos valores que se distribuem segundo a função *Triang(40,48,60)*, e o desvio padrão igual a

$\sigma_{Triang(40,48,60)} \times \sqrt{35}$, isto é, o desvio padrão daqueles valores multiplicado pela raiz quadrada de 35.

	A	B	C	D	E	F	G	H	I
1	Quantidade de Carros			35					
2									
3	Consumo Diário de Combustível por Automóvel								
4	(litros)								
5	Min	MP	Max	Estimado	Média	D.P.			
6	40	48	60	49,3	49,3	4,11			
7									
8	Consumo Diário de Combustível da Frota (NZ$)					=RiskOutput() + RiskNormal(F9;F10)			
9					Média	=D1*E6			
10					D.P.	=F6*RAIZ(D1)			

Figura 8.11. Fórmulas, baseadas no Teorema do Limite Central, utilizadas para estimar o consumo diário de combustível da BLUE BIRD CABS.

São justamente estes valores que são calculados nas células F9 e F10. A célula F8 contém uma função do @Risk que gera valores que se distribuem segundo uma normal com os valores calculados nas células F9 e F10.

É importante lembrar que a função RiskOutput(), que aparece na célula F8, retorna zero ao mesmo tempo em que sinaliza para o @Risk que os valores armazenados naquela célula devem ser armazenados para análises futuras.

A Figura 8.12 apresenta diversos cenários possíveis para o conteúdo desta célula. Em outras palavras, diversas estimativas, baseadas nas restrições descritas no modelo (quantidade de automóveis e consumo de combustível), para o consumo de combustível diário da futura frota de táxis da BLUE BIRD.

Estas estimativas foram geradas pelo @Risk durante o processo de simulação, no qual valores aleatórios são gerados repetidamente para cada uma das células que contêm as funções *RiskNormal* e *RiskTriang*.

Cenário	X (NZ$)
1	1.695,5
2	1.706,2
3	1.713,9
4	1.720,5
5	1.726,6
• • •	• • •
1.000	1,719,3

Figura 8.12. Cenários possíveis para o consumo diário de combustível pelos futuros táxis da Blue Bird.

A Figura 8.13 contém uma tabela mostrando, a partir dos cenários apresentados na Figura 8.12, a probabilidade do consumo de combustível se manter abaixo de determinados valores.

P(x ≤ X)	X (litros)
0,01	1.695,5
0,02	1.706,2
0,03	1.713,9
0,04	1.720,5
0,04	1.726,7
0,06	1.732,8
0,07	1.739,4
0,08	1.747,1
0,09	1.757,8
0,95	1.766,6

Figura 8.13. Probabilidade do consumo de combustível dos automóveis da Blue Bird menor ou igual que um determinado valor.

Se Dantas tivesse que fornecer uma estimativa para este valor, ele, muito provavelmente, selecionaria o valor 1.747,1 litro, que tem probabilidade de apenas 0,20 de ser excedido.

O modelo de risco do custo de combustível

Para estimar o custo diário de combustível, Dantas estendeu o modelo apresentado na Figura 8.9 com o uso de novas fórmulas. A Figura 8.14 apresenta este modelo.

	A	B	C	D	E	F
1	Quantidade de Carros			35		
2						
3	Consumo Diário de Combustível por Automóvel					
4	(litros)					
5	Min	MP	Max	Estimado	Média	D.P.
6	40	48	60	49,3	49,3	4,11
7						
8	Consumo Diário de Combustível da Frota (NZ$)					1.726,7
9					Média	1.726,7
10					D.P.	24,31
11						
12	Custo de 1 litro de Gasolina s/Chumbo					
13	(NZ$)					
14	Min	MP	Max	Estimado		
15	0,78	0,84	0,90	0,84		
16						
17	Gasto Mensal com Combustível (NZ$)				1.450,40	

Figura 8.14. Modelo de risco do custo diário com combustível dos automóveis da futura frota de táxis da Blue Bird.

Para o cenário descrito na Figura 8.14, a célula E17 contém uma estimativa possível para o custo diário com combustível da futura frota de táxis, isto é, NZ$ 1.450,40.

A Figura 8.15 revela as fórmulas apresentadas nas células D15 e E17. Observe que, conforme estabelecido na célula D15, o custo do litro de gasolina sem chumbo é modelado com a função *RiskTriang*, que gera valores que se distribuem segundo uma triangular tendo NZ$ 0,78, NZ$ 0,84 e NZ$ 0,90 como parâmetros.

Em outras palavras, esta função gera valores entre NZ$ 0,78 e NZ$ 0,90, sendo que valores nas vizinhanças de NZ$ 0,84 têm maior probabilidade de serem gerados.

	A	B	C	D	E	F
1	Quantidade de Carros			35		
2						
3	Consumo Diário de Combustível por Automóvel					
4	(litros)					
5	Min	MP	Max	Estimado	Média	D.P.
6	40	48	60	49,3	49,3	4,11
7						
8	Consumo Diário de Combustível da Frota (NZ$)					1.726,7
9					Média	1.726,7
10					D.P.	24,31
11						
12	Custo de 1 litro de Gasolina s/Chumbo					
13	(NZ$)					
14	Min	MP	Max	Estimado		
15	0,78	0,84	0,90	= Risk Output( )+ Risk Triang (A15,B15,C15)		
16						
17	Gasto Mensal com Combustível (NZ$)				=D15*F8	

Figura 8.15. Fórmulas utilizadas no modelo de risco do custo diário com combustível da futura frota de táxis da Blue Bird.

Em consequência, o gasto diário com combustível é, simplesmente, o produto do valor estimado do preço do combustível, fornecido pelo valor da célula D15, pela quantidade de combustível utilizada, fornecida pela célula F8.

A Figura 8.16 apresenta diversos cenários para o conteúdo destas células, que considera as diversas restrições impostas pelo modelo (quantidade de carros, volume de combustível e preço do combustível).

Cenário	Consumo Diário de Combustível (litros)	Preço da Gasolina sem Chumbo (NZ$ por litro)	Custo Diário com Combustível (NZ$)
1	1.726,7	0,84	1.450,40
2	1.714,1	0,88	1.516,27
3	1.716,7	0,85	1.461,03
4	1.757,0	0,89	1.561,75
5	1.727,0	0,84	1.456,42
• • •		• • •	
1.000	1.713,2	0,82	1.399,19

Figura 8.16. Cenários possíveis para o gasto diário com combustível pelos futuros táxis da BLUE BIRD.

A Figura 8.17 contém uma tabela mostrando, a partir dos cenários apresentados na Figura 8.16, a probabilidade do gasto diário com combustível se manter abaixo de determinados valores.

$P(x \leq X)$	X (NZ$)
0,10	1389,02
0,20	1408,95
0,30	1424,70
0,40	1437,52
0,40	1449,91
0,60	1462,45
0,70	1476,87
0,80	1491,52
0,90	1514,05
0,95	1528,20

Figura 8.17 Probabilidade do gasto com combustível dos futuros táxis da BLUE BIRD ser menor ou igual a um determinado valor.

Observe que o valor NZ$ 1.491,52 tem probabilidade apenas de 0,2 de ser superado. Foi justamente este valor que Dantas apresentou para a direção da Blue Bird como uma estimativa confiável para o gasto diário com combustível com a futura frota de táxis da empresa.

O que aprendemos com o Caso da Blue Bird

Existem duas lições importantes que o caso da Blue Bird nos ensina. Primeiro a distribuição de probabilidade triangular não é a única função que é utilizada na construção de modelos quantitativos de análise de risco. Neste capítulo, por exemplo, fomos apresentados à função normal.

Entretanto, a lista de funções de distribuição de probabilidade é extensa, contendo dezenas de funções. Uma lista das funções de distribuição de probabilidade de maior uso nas ciências matemáticas, econômicas e sociais está disponível em qualquer bom livro de introdução à estatística[19].

Já a lista de funções de distribuição de probabilidade mais utilizadas na análise de riscos quantitativos requer a consulta à literatura especializada[20].

A segunda lição se refere ao uso do Teorema Central do Limite. Sem a existência destas ferramentas, a construção de modelos quantitativos de análise de risco se tornaria, muitas vezes, uma tarefa extremamente trabalhosa.

Tome como exemplo o caso da Blue Bird. Se Laplace não nos tivesse presenteado com o resultado do Teorema Central do Limite, somente para estimar o consumo de um dia de combustível teríamos que obter a soma de 35 distribuições triangulares.

Para estimar o consumo mensal, considerando-se um mês padrão de trinta dias, seria necessário obter a soma de trinta triangulares do mesmo tipo. Para o consumo anual, teríamos que obter a soma de 365.

Com o auxílio do teorema de Laplace, o cálculo do consumo anual se resume a obter a média e o desvio padrão da função triangular em questão, substituindo a soma pela função normal correspondente, isto é, $Normal\left(365 \times \mu_{Triang(40,48,60)}, \sigma_{Triang(40,48,60)} \times \sqrt{365}\right)$.

[19] Mario Triola. *Introdução à Estatística*, 9ª Edição. Editora LTC, 2005.

[20] David Vose. *Risk Analysis: A Quantitative Guide*, 2nd Edition. John Wiley & Sons, 2000.

Exercícios

1. Que descoberta o matemático francês Abraham de Moivre fez em meados do século XVII que teve grande impacto em todas as áreas do conhecimento?

    a) A fórmula da média da distribuição triangular.

    b) A fórmula da raiz de qualquer polinômio de grau par.

    c) A fórmula do desvio padrão da distribuição triangular.

    d) Como descrever com uma única equação uma família de funções de distribuição de probabilidade com o formato de um sino invertido.

2. Por que é que a função de distribuição de probabilidade normal se tornou tão popular entre os estatísticos e profissionais das mais diversas áreas?

    a) A equação que dá o valor da função em cada ponto é fácil de ser entendida, mesmo por pessoas com pouco conhecimento de matemática.

    b) O formato da curva agrada os olhos e dá asas à imaginação.

    c) Várias grandezas físicas se distribuem segundo uma normal e a função normal serve de base para a área de estatística inferencial.

    d) Nenhuma das respostas anteriores.

3. Que relação entre variáveis aleatórias e a função de distribuição de probabilidade normal o matemático francês Pierre-Simon Laplace descobriu?

    a) A média de *n* variáveis aleatórias é a mesma da função normal.

    b) A soma de *n* variáveis aleatórias se distribui segundo uma normal.

    c) Não existe nenhuma relação possível entre variáveis aleatórias e a função normal.

    d) O desvio padrão de um conjunto de variáveis aleatórias é o mesmo da função normal.

4. Qual a relevância do Teorema Central do Limite para a elaboração de modelos de risco quantitativos?

   a) Em diversas situações diminui o esforço necessário para a construção de modelos de risco quantitativos.

   b) Frequentemente, na elaboração de modelos de risco quantitativos, nos deparamos com somas de variáveis aleatórias que possuem a mesma distribuição de probabilidade, com média e desvio padrão conhecidos.

   c) Permite a substituição de somas de variáveis aleatórias por uma função normal.

   d) Todas as respostas anteriores.

5. Considere a função de distribuição de probabilidade *Triang(40,48,60)*. Neste caso, a média dos valores que se distribuem segundo esta função é dado por:

   a) $\dfrac{40+48+60}{3}$

   b) $\dfrac{40\times 48\times 60}{3}$

   c) $\sqrt{40+48+60}$

   d) $e^{\sqrt{40+48+60}}$

6. Considere a função de distribuição de probabilidade *Triang(40,48,60)*. Neste caso o desvio padrão dos valores que se distribuem segundo esta função é dado por:

   a) $\sqrt{40^2+48^2+60^2}$

   b) $\sqrt{\dfrac{40^2+48^2+60^2-40\times 48-40\times 60-48\times 60}{18}}$

c) $\sqrt{40\times 48-48\times 60-60\times 40}$

d) Nenhuma das respostas anteriores.

7. Suponha que se deseje somar 35 variáveis aleatórias que se distribuem segundo a função *Triang (40,48,60)*, que tem média $\mu_{Triang\,(40,48,60)}=49{,}3$ e desvio padrão $\sigma_{Triang\,(40,48,60)}=4{,}11$. Neste caso, a soma destas variáveis pode ser aproximada por qual das seguintes funções normais?

    a) $Normal(49{,}3,\ 4{,}11)$

    b) $Normal(4{,}11,\ 49{,}3)$

    c) $Normal(35\times\mu_{Triang\,(40,48,60)},\sigma_{Triang\,(40,48,60)}\times\sqrt{35})$

    d) $Normal(\mu_{Triang\,(40,48,60)},\sigma_{Triang\,(40,48,60)})$

8. Considere o seguinte problema:

    ➡ Uma loja recebe diariamente a visita de cerca de 220 clientes em potencial. Em alguns dias este número chega a 300, em outros ele cai para 190.

    ➡ O número de clientes que realiza alguma despesa na loja (compradores) varia entre 15% e 30% dos que entram na loja, sendo 20% o valor mais provável.

    ➡ As despesas realizadas por cada comprador varia entre R$ 20 e R$ 80, sendo R$ 32 o valor mais provável.

De posse destas informações, um consultor de empresas criou o seguinte modelo de risco:

	A	B	C	D	E	F
1	Faturamento Diário		R$ 2.244,00			
2						
3	Gasto Estimado p/ Cada Comprador					
4	Mínimo	+Provável	Máximo	Estimativa	Média	D.P.
5	R$ 20,00	R$ 32,00	R$ 80,00	R$ 44,00	R$ 44,00	R$ 12,96
6						
7	Número de Compradortes			51		
8						
9	Número de Visitantes					
10	Mínimo	+Provável	Máximo	Estimativa		
11	190	220	300	236,7		
12						
13	% dos Visistantes que Compram Mercadorias					
14	Mínimo	+Provável	Máximo	Estimativa		
15	15%	20%	30%	21,7%		

Sabendo-se que o número de visitantes, a percentagem dos visitantes que compram mercadorias e o gasto efetuado por cada comprador foram modelados com distribuições triangulares, combine a coluna da esquerda com a da direita indicando, corretamente, as fórmulas contidas nas células D15, D7 e C1:

a) D15 [ ] =D11*D15

b) D7 [ ] =(D7+D11+D15)/3

c) C1 [ ] =RiskTriang(A15;B15;C15)

[ ] =RiskNormal(E5*D7;F5*RAIZ(D7))

9. Considere o seguinte problema:

- Todas as sextas-feiras os principais executivos da New England Boat Furniture vão almoçar juntos, a convite da empresa.
- Entre 16 e 22 executivos participam destes almoços, sendo 18 o valor mais provável.
- Cada executivo gasta entre US$ 25 e US$ 36, sendo US$ 28 o valor mais provável.

De posse destas informações, supondo que o ano possua 42 sextas-feiras úteis, um consultor de empresas criou o seguinte modelo de risco:

	A	B	C	D	E	F
1	Faturamento Anual		R$ 23.258,20			
2						
3	Qtd. de Sextas-Feiras no Ano			42		
4						
5	Gasto por Almoço			R$ 553,78		
6			Média	R$ 553,77		
7			D.P.	R$ 38,02		
8						
9	Número de Executivos					
10	Mínimo	+Provável	Máximo	Estimativa		
11	16	18	22	19		
12						
13	Consumo por Executivo					
14	Mínimo	+Provável	Máximo	Estimativa	Média	D.P.
15	R$ 25,00	R$ 28,00	R$ 36,00	R$ 29,67	R$ 29,67	R$ 2,32

Sabendo-se que o consumo por executivo e o número de executivos participando dos almoços foram modelados com distribuições triangulares, combine a coluna da esquerda com a da direita indicando, corretamente, as fórmulas contidas nas células D15, D5 e C1:

a) D15 [ ] =RiskNormal(D11*E15;F15*RAIZ(D11))

b) D5 [ ] =RiskTriang(A15;B15;C15)

c) C1 [ ] =RAIZ((A11+B11+C11)/3)

[ ] =RiskNormal(D3*D6;D7*RAIZ(D3))

Respostas dos Exercícios

1. d
2. c
3. b
4. d
5. a

6. b
7. c
8. a. =RiskTriang(A15;B15;C15);

   b. =D11*D15;

   c. = RiskNormal(E5*D7;F5*RAIZ(D7))

9. a. =RiskTriang(A15;B15;C15);

   b. =RiskNormal(D11*E15;F15*RAIZ(D11))

   c. =RiskNormal(D3*D6;D7*RAIZ(D3))

9. Correlação

AO FINAL DESTE CAPÍTULO VOCÊ DEVERÁ SABER:

O que é correlação.

Para o que é que ela serve.

O que é um diagrama de dispersão.

Como o coeficiente de correlação de Charles Spearman é calculado.

Quais são as limitações do coeficiente de correlação de Spearman.

Modelando dependências

Você já reparou que o universo em que vivemos está repleto de eventos que estão relacionados entre si, ainda que esse relacionamento não seja perfeito? Por exemplo,

- Quanto mais alta uma pessoa, maior tende a ser o seu peso;
- Quanto maior a população de uma determinada região, maior o consumo de alimentos de qualidade;
- Para os adultos, quanto mais velhos, maior o gasto com medicamentos;
- A nota final em uma determinada disciplina é, em geral, o resultado do número de horas que o aluno dedicou ao estudo dos temas cobertos durante as aulas;
- Quanto mais intensamente um automóvel é utilizado, maior o gasto com sua manutenção;
- Etc.

Observe que em alguns destes eventos podemos estabelecer facilmente uma relação de causa e efeito, enquanto em outros isso não é tão fácil assim de ser feito. Por exemplo, seguramente é o uso intenso do automóvel um dos elementos que causam o aumento do gasto com sua manutenção.

Entretanto, o mesmo não pode ser dito de imediato da relação que existe entre o consumo de alimentos de qualidade e o aumento da população. Note que o aumento do consumo de alimentos de qualidade em uma determinada região tende a diminuir a mortalidade infantil, diminuir o número de pessoas acometidas pelos mais diversos tipos de doenças e aumentar a longevidade. Tudo isso colabora para o aumento da população.

Por outro lado, o aumento da população faz com que o consumo de alimentos de qualidade naquela região aumente. Neste caso, quem é o agente causador do fenômeno? O aumento do consumo de alimentos ou o aumento da população?

Na verdade, no contexto deste capítulo isso não importa. O que importa é que estes eventos estão relacionados entre si e que se, ao construir um modelo de risco, você deixa de capturar este tipo de relacionamento, então o seu modelo não vai refletir a realidade à sua volta como deveria e as orientações fornecidas por ele com vistas à tomada de decisão poderão estar fortemente comprometidas.

Infelizmente, do ponto da análise de risco, nenhuma das ferramentas que estudamos até o momento nos permitem construir modelos de risco que contemplem adequadamente os interrelacionamentos, frequentemente imprecisos, que possam existir entre duas ou mais variáveis.

O estudo das ferramentas que nos permitirão construir este tipo de modelo é objeto de estudo deste capítulo. Que tal começarmos com um exemplo?

O Caso Château Chamonix

A Tabela 9.1 apresenta o gasto médio mensal de pessoas idosas inscritas no programa de fidelização de clientes da Château Chamonix, uma rede de farmácias que oferece seus serviços aos moradores da cidade de Montreal, no Canadá. O gasto médio mensal é apresentado em dólares canadenses, ou CN$.

Idade	Gasto Médio Mensal (CN$)
65	284,77
66	292,89
67	293,12
68	298,44
69	291,49
70	301,80
71	301,91
72	308,24
73	307,38
74	306,51
75	313,39
76	319,09
77	316,71
78	323,61
79	321,80
80	328,97
Média	306,88

Tabela 9.1. Gasto médio mensal de pessoas idosas nas farmácias Château Chamonix

Apesar das informações dispostas na Tabela 9.1 indicarem claramente qual é o gasto médio mensal de cada faixa etária e que, em média, os participantes do programa de fidelização têm um gasto mensal de CN$ 306,88, elas não nos dizem muito sobre como a idade e o gasto médio mensal estão relacionados.

O Gráfico 9.1, por outro lado, utiliza dois eixos que se interceptam em um ângulo de 90° para apresentar as mesmas informações contidas na Tabela 9.1. Observe que, no que diz respeito ao relacionamento que existe entre a idade dos participantes do programa de fidelização e o gasto médio mensal, o Gráfico 9.1 é uma ferramenta de análise muito mais efetiva do que a Tabela 9.1.

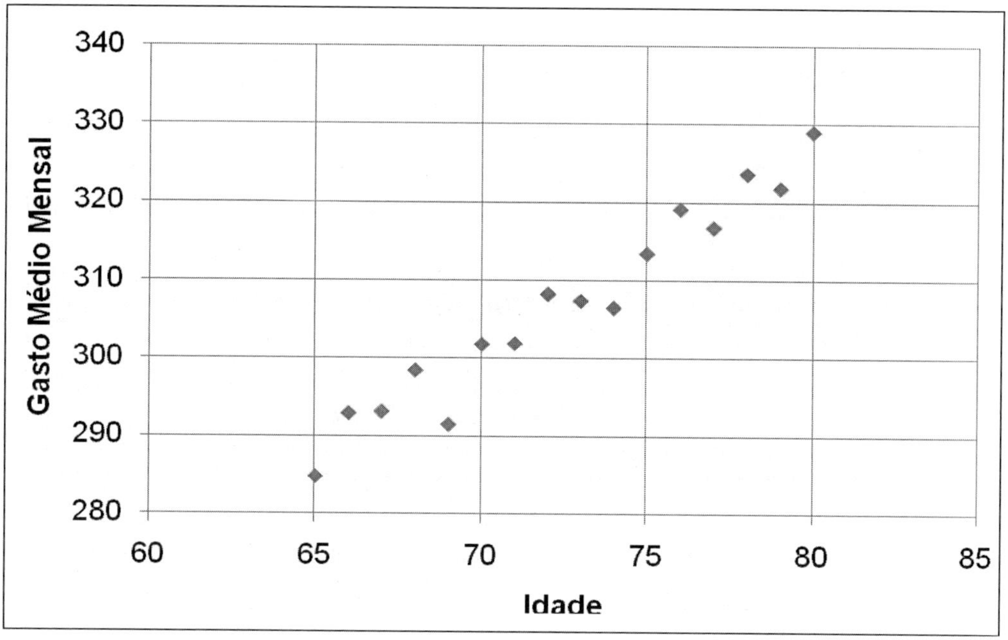

Gráfico 9.1. Gasto médio mensal por faixa etária

Neste sentido, verifique a veracidade das seguintes assertivas:

- Os participantes mais jovens do programa de fidelização (aqueles com idade entre 65 e 70 anos) são os que gastam, em média, menos dinheiro com remédios.
- Por outro lado, os participantes mais idosos (aqueles com idade entre 76 e 80 anos) são os que mais gastam com remédios. Estes participantes têm gasto médio entre CN$ 319,09 e CN$ 328,97;
- Finalmente, os participantes com idade intermediária (entre 71 e 75) gastam, em média, quantias moderadas com medicamentos.

Gráficos de eixos cartesianos[21] contendo valores numéricos como o Gráfico 9.1 são conhecidos como diagramas de dispersão. Este tipo de diagrama é uma ferramenta extremamente útil para a análise dos interrelacionamentos que possam existir entre diferentes conjuntos de valores.

[21]Gráfico de dois ou mais eixos que se interceptam em ângulos de 90°

Considerações sobre os diagramas de dispersão

Embora os diagramas de dispersão sejam ferramentas extremamente úteis para revelar interrelacionamentos, eles não oferecem uma forma precisa de medir a intensidade dessa relação, que em linguagem estatística é chamada de correlação.

Tome como exemplo os Gráficos 9.2 (A), (B) e (C). É praticamente impossível afirmar, através de um simples exame visual, que conjuntos de valores numéricos estão mais fortemente relacionados. Em linguagem estatística dizemos "mais fortemente correlacionados".

Para que possamos medir a intensidade da correlação que existe entre os componentes de conjuntos de pares de valores numéricos, precisamos utilizar um ferramental diferente dos diagramas de dispersão.

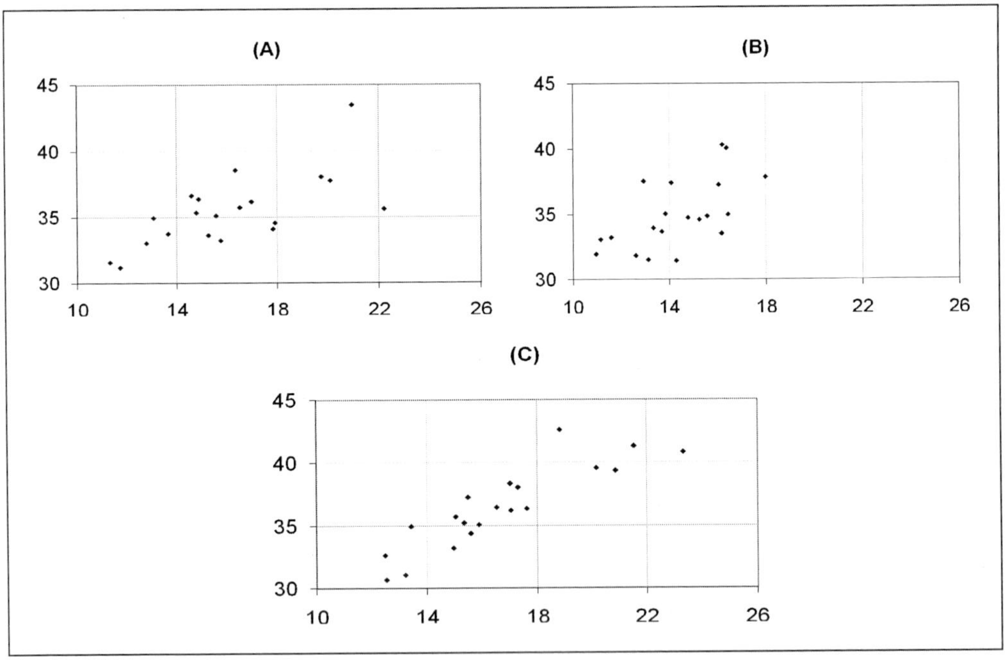

Gráfico 9.2. Três diagramas de dispersão

Coeficiente de correlação de Spearman

No que diz respeito à construção de modelos de risco quantitativos, uma das formas mais populares para se medir a intensidade de uma correlação é o coeficiente de correlação de Spearman, desenvolvido pelo psicólogo inglês Charles Edward Spearman (1863-1945), no início do século XX.

O coeficiente de correlação de Spearman é um número, adimensional, entre -1 e 1, que nos oferece as seguintes indicações:

- Se o coeficiente é zero, então não existe nenhuma correlação entre os componentes dos pares de valores que estamos analisando. Neste caso, dizemos que eles são não correlacionados;
- Se o coeficiente é 1, então os pares de valores ocorrem em perfeita correlação; quanto um valor aumenta o outro também aumenta. Neste caso dizemos que eles são diretamente ou positivamente correlacionados.
- Se o coeficiente é -1, então os pares de valores também ocorrem em perfeita correlação, entretanto, quando um dos valores aumenta o outro diminui. Neste caso dizemos que eles são inversamente ou negativamente correlacionados.

Para os demais valores, a intensidade de correlação, seja ela positiva ou negativa, diminui à medida que eles se aproximam de zero. A Tabela 9.32 sumariza essas ideias. No quadro, |ρ| simboliza o valor absoluto do coeficiente de correlação de Spearman.

Coeficiente de Correlação	Tipo de Correlação
$\|\rho\| = 0$	Inexistente
$0 < \|\rho\| \leq 0{,}30$	Fraca
$0{,}30 < \|\rho\| \leq 0{,}70$	Moderada
$0{,}70 < \|\rho\| \leq 0{,}99$	Forte
$\|\rho\| = 1$	Perfeita

Tabela 9.2. Sumário do coeficiente de correlação de Spearman

Para determinarmos o coeficiente de correlação de Spearman precisamos calcular, para um conjunto contendo pares de valores { (x_1,y_1), (x_2,y_2), ..., (x_n,y_n) } o valor de

$$\rho = 1 - \left(\frac{6 \sum_{i=1}^{n} (\Delta R)^2}{n(n^2 - 1)} \right)$$

Fórmula 9.1. Coeficiente de correlação de Spearman

onde ΔR é a diferença entre a ordem relativa (ou posto) dos valores pertences ao mesmo par (x_i,y_i). Neste caso x_i e y_i são chamados de componentes de um mesmo par de valores. Um exemplo vai ajudar a tornar tudo isso mais claro.

O Caso da Château Chamonix revisitado

A Tabela 9.3 apresenta os elementos necessários ao cálculo do coeficiente de correlação de Spearman entre a idade e o gasto médio com medicamentos dos participantes do programa de fidelização da CHÂTEAU CHAMONIX.

As colunas "Idade" e "Gasto Médio Mensal" contêm respectivamente a idade e o gasto médio mensal dos participantes do programa de fidelização da rede de farmácias e foram copiados da Tabela 9.1.

Os pares de valores sob consideração neste caso são: (65, 284,77), (66, 292,89), (67, 293,12), ..., (80, 328,97).

Idade (I)	Gasto Médio Mensal (GMM)	Posto		$\Delta R^2 = (I - GMM)^2$
		I	GMM	
65	284,77	1	1	0
66	292,89	2	3	1
67	293,12	3	4	1
68	298,44	4	5	1
69	291,49	5	2	9
70	301,80	6	6	0
71	301,91	7	7	0
72	308,24	8	10	4
73	307,38	9	9	0
74	306,51	10	8	4
75	313,39	11	11	0
76	319,09	12	13	1
77	316,71	13	12	1
78	323,61	14	15	1
79	321,80	15	14	1
80	328,97	16	16	0
		Total		24

Tabela 9.3. Elementos necessários ao cálculo do coeficiente de correlação de Spearman

A coluna "Posto I" contém o posto dos valores na coluna "Idade", que nada mais é do que a posição relativa daqueles valores na lista ordenada das idades. Por exemplo, o posto do valor 65 é 1 porque 65 é a menor entre as idades. O posto do valor 66 é 2 porque ele é o segundo menor entre as idades, o do valor 67 é 3, e assim por diante.

Por sua vez, a coluna "Posto GMM" contém o posto dos valores na coluna "Gasto Médio Mensal". Por exemplo, o posto do valor CN$ 284,77 é 1 porque ele é o menor entre todos os gastos médios. O posto do valor CN$ 292,89 é 3 porque ele é o terceiro menor entre os todos os gastos médios mensais. O posto de CN$ 293,12 é 4 porque ele é o quarto menor, e assim por diante.

Observe que no cálculo do coeficiente de Spearman os pares de valores originais são substituídos por seus respectivos postos. Por exemplo, o par (65, 284, 77) é substituído pelo par (1, 1), o par (66, 292, 89) é substituído pelo par (2, 3), o par (67, 293, 12) é substituído pelo par (3, 4) e assim por diante.

A coluna "ΔR^2" contém a diferença entre os valores das colunas "Posto I" e "Posto GMM" elevados ao quadrado. Por exemplo, $0 = (1 - 1)^2$, $1 = (2 - 3)^2$, $1 = (3 - 4)^2$, etc.

Substituindo estes valores na Equação 9.1, temos:

$$\rho = 1 - \left(\frac{6\sum_{i=1}^{n}(\Delta R)^2}{n(n^2-1)}\right) = 1 - \left(\frac{6 \times 24}{16 \times (16^2 - 1)}\right) = 0{,}91$$

Portanto, o coeficiente de correlação de Spearman para os valores apresentados na Tabela 9.1 é 0,91, indicando que eles estão positivamente correlacionados e que existe uma forte correlação entre eles (veja Tabela 9.2). Em consequência, existe uma forte tendência de que, quando a idade aumenta, aumentam também os gastos médios com medicamentos.

Uma palavra de advertência sobre o uso de coeficientes de correlação

Existe um cuidado adicional que não pode deixar de ser tomado ao se utilizar o coeficiente de correlação de Spearman. No universo relativamente complexo em que vivemos, nos quais uma infinidade de fatores políticos, sociais, econômicos, científicos, físicos e religiosos interage de forma dinâmica, não é incomum a existência de correlações acidentais (isto é, que não retratam a realidade) entre determinados conjuntos de valores.

Por exemplo, a Tabela 9.4 apresenta três diferentes grandezas que, quando submetidas ao cálculo do coeficiente de correlação de Spearman, revelam um altíssimo grau de correlação ($\rho = 1$). Entretanto, o bom senso nos indica que a correlação que a *quantidade de beneficiários de planos de saúde no Brasil*, a *quantidade de postos de venda de etanol em Minnesota* e a *população do Reino Unido* possam exibir entre os anos de 2000 e 2007 é certamente acidental.

Ano	Beneficiários de Planos de Saúde no Brasil (milhões)	Qtd. de Postos de Venda de Etanol no Estado de Minnesota, nos USA	População do Reino Unido
2000	34,5	54	58.886
2001	34,3	67	59.113
2002	35,0	69	59.323
2003	36,2	87	59.557
2004	38,8	98	59.846
2005	41,6	154	60.238
2006	44,7	215	60.587
2007	48,2	310	60.864

Tabela 9.4. Grandezas correlacionadas acidentalmente.

Se examinarmos os dados que coletamos sobre estas grandezas por período de tempo mais longo, a correlação que elas exibem entre 2000 e 2007 desaparece completamente.

Quando estiver diante de um problema que exija a utilização do coeficiente de correlação de Spearman, ou de qualquer outro, lembre-se de que, em algum ponto do processo do cálculo e análise da correlação, é imperativo que se estabeleçam razões lógicas para confirmar a existência de uma eventual correlação que os conjuntos de pares de valores venham a exibir. Caso contrário, você poderá estar sendo enganado pelas aparências!

Cuidado com as correlações espúrias!

Um outro tipo de correlação que costuma exigir atenção especial são as correlações espúrias, que ocorrem quando duas grandezas que exibem uma correlação entre si estão, na verdade, correlacionadas com uma terceira, que está oculta no momento. Um exemplo vai tornar essas ideias mais claras.

Conta a história que durante a Segunda Guerra Mundial (1939–1945) os comandantes aliados notaram uma forte correlação entre a precisão dos bombardeios aliados sobre o território alemão e a quantidade de caças nazistas que tentavam impedir que as bombas fossem lançadas. Embora seja difícil de acreditar, quanto maior o número de caças inimigos se opondo ao lançamento, maior a precisão dos bombardeios!

Figura 9.1. Bombardeio durante a Segunda Guerra Mundial.

A surpresa inicial com as informações reveladas pelos dados coletados durante e depois dos bombardeios deu origem a um exame mais atento da situação, que revelou uma causa perfeitamente lógica para a estranha relação entre o número de caças inimigos e a precisão com que as bombas eram lançadas.

A falta de caças estava relacionada à existência de nuvens pesadas na região do bombardeio, dificultando a ação dos mecanismos de defesa nazistas, obscurecendo os alvos e reduzindo a precisão do bombardeio. Por outro lado, a presença de uma grande quantidade de caças estava relacionada a um céu com pouca ou nenhuma nuvem, que favorecia a precisão das bombas.

Em outras palavras, a correlação apresentada entre os dois eventos era espúria, já que, na verdade, ela ocorria devido às condições atmosféricas na zona do alvo e no caminho que levava os bombardeiros até o alvo.

Embora alguns autores considerem que modelos de risco podem conter correlações espúrias, desde que modeladas corretamente, um modelo de risco ganha muito em clareza, credibilidade e precisão quando as correlações espúrias são substituídas por correlações diretas com a grandeza oculta, caso seja possível identificá-la.

Que informação a inspeção visual de um diagrama de dispersão nos pode revelar?

Para que uma relação de dependência que eventualmente exista entre os componentes de conjuntos de pares de valores possa ser descrita adequadamente por meio do coeficiente de correlação de Spearman é suficiente que o perímetro da área ocupada por estes valores no diagrama de dispersão se aproxime de uma elipse. A Figura 9.2 apresenta os principais componentes de uma elipse.

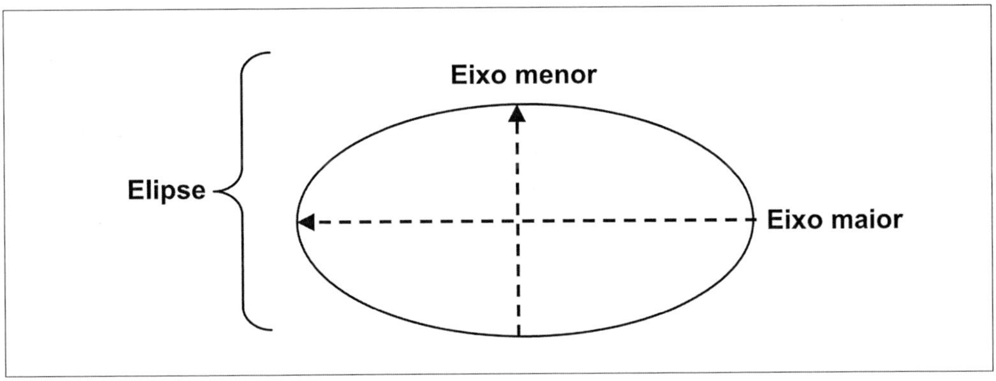

Figura 9.2. Componentes de uma elipse.

O Gráfico 9.3 (A), (B) e (C) mostram, respectivamente, como o perímetro da área ocupada por diversos conjuntos de valores podem ser aproximados por elipses de diferentes formatos.

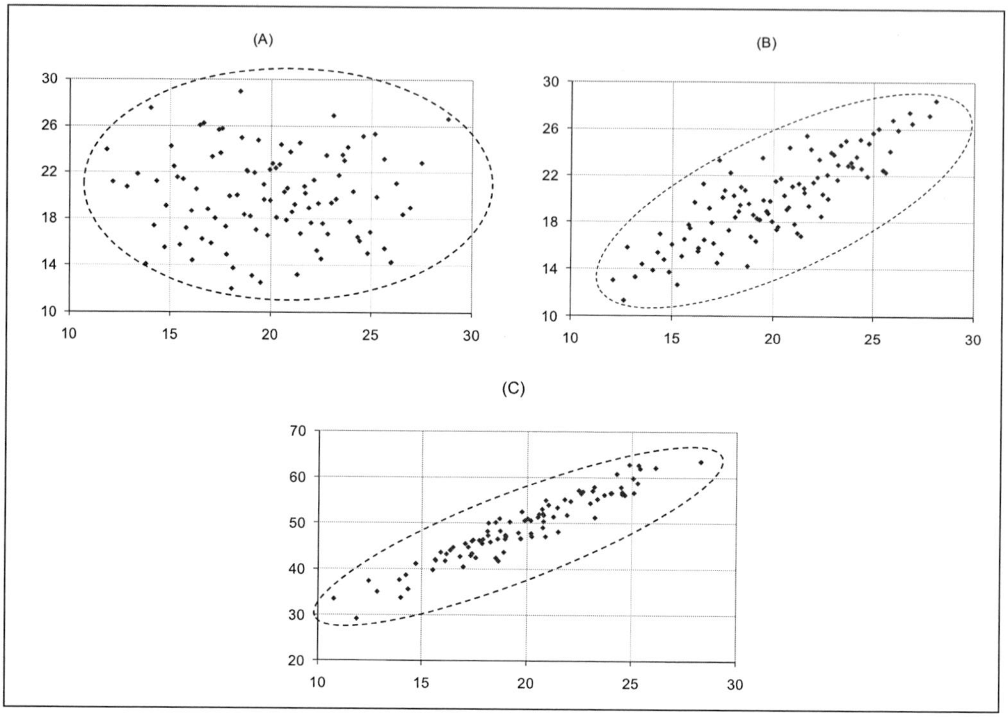

Gráfico 9.3. Diagramas de dispersão com elipses.

Note que, quanto mais próximo de zero for o coeficiente:

$$\frac{Eixo\ Menor}{Eixo\ Maior}$$

maior será o coeficiente de Spearman em valor absoluto e maior será a intensidade da correlação entre os conjuntos de valores.

Entretanto, existem situações nas quais a correlação entre dois grupos de variáveis é alta a despeito do diagrama de dispersão apresentar um formato que dificilmente poderia ser descrito como elíptico.

O Gráfico 9.4 (A), (B) e (C) apresenta alguns exemplos dessas situações. Embora seja difícil de acreditar, cada um dos conjuntos de valores introduzidos naquele gráfico apresenta um coeficiente de Spearman de 0,8, indicando que estão fortemente correlacionados!

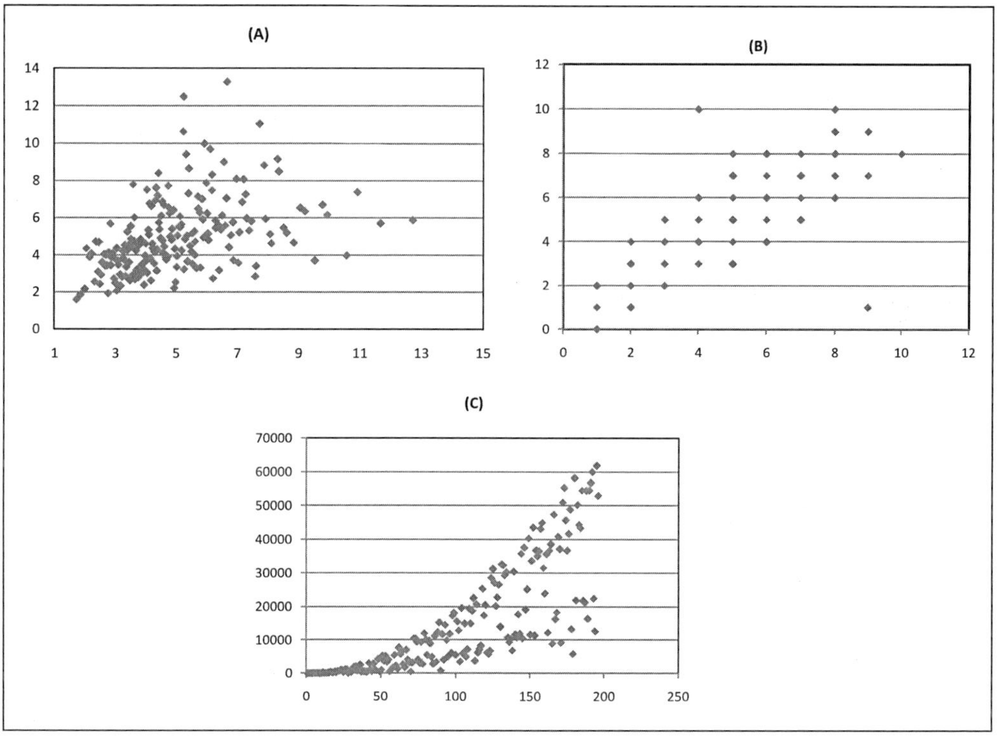

Gráfico 9.4. Diagramas de dispersão não elípticos.

Portanto, o coeficiente de Spearman é capaz de capturar a intensidade da correlação que possa existir entre diferentes conjuntos de valores mesmo quando eles não apresentam um formato elíptico, quando expostos em um diagrama de dispersão.

Além disso, o coeficiente de Spearman não impõe nenhuma restrição sobre a distribuição dos componentes dos conjuntos de pares de valores cuja correlação se deseja medir. Portanto, estes componentes podem estar distribuídos uniformemente, segundo uma triangular ou mesmo de forma normal.

Em adição, já que os valores cuja correlação se deseja estabelecer são substituídos por seus postos durante o cálculo do coeficiente de correlações, os valores envolvidos no cálculo não precisam nem ser numéricos, basta que exista uma ordem entre eles, isto é, basta que possam ser ordenados.

Tudo isso, aliado à simplicidade dos cálculos que precisam ser realizados, acabou por tornar o coeficiente de Spearman a forma predileta para modelagem de correlações entre os analistas de risco.

Como modelar a correlação em modelos de risco? O Caso da Quick Software

Uma vez que você tenha se convencido da importância de modelar corretamente as correlações no seu modelo de risco, a pergunta que naturalmente vem a nossa mente é: como fazê-lo? A resposta a esta pergunta está nas facilidades apresentadas pelo *software* de simulação que você estiver utilizando, o @Risk, por exemplo. Um estudo de caso vai tornar isso mais claro.

A Quick Sofware é uma empresa de desenvolvimento de *software* localizada na cidade de Bray, na Irlanda. Para fornecer a duração dos serviços que presta (e consequentemente o custo), a Quick Sofware deseja desenvolver um modelo de risco, já que os valores das variáveis que influenciam o tempo de desenvolvimento de *software* (dificuldade na captura de requisitos, experiência da equipe de desenvolvimento, uso de ferramentas adequadas etc.) só serão conhecidos, com precisão, no futuro próximo.

Neste ponto do desenvolvimento do modelo de risco a empresa deseja levar em consideração uma das máximas do desenvolvimento de *software*:

> *Quanto mais tempo for gasto eficientemente em revisões estruturadas de especificação e código, menos tempo será gasto em retrabalho devido a erros de especificação e codificação.*

Quando consultados, os especialistas em desenvolvimento de *software* da empresa estabeleceram que o coeficiente de Spearman a ser utilizado para modelar essa correlação de valores é de -0,8.

Agora, suponha que, para o desenvolvimento de um determinado *software*, o tempo a ser gasto em revisões estruturadas de especificação e código pelos profissionais que trabalham para Quick Sofware foi estimado em:

Tempo gasto em revisões estruturadas de especificação e código (horas)		
Mínimo	Mais Provável	Máximo
40	50	80

e que para retrabalho devido a erros de especificação e codificação foi estimado em:

Tempo gasto em retrabalho devido a erros de especificação e codificação (horas)		
Mínimo	Mais Provável	Máximo
110	150	190

Como a correlação entre as duas grandeza é negativa, quando um valor alto for utilizado para representar o tempo gasto em revisões, digamos 75, espera-se que um valor relativamente pequeno seja utilizado para representar o tempo gasto em retrabalho, digamos 120. Caso contrário, o modelo não estaria retratando a realidade. A Figura 9.3 mostra uma parte do modelo de risco desenvolvido pela Quick Software.

	A	B	C	D	E	F	G
1	Tempo gasto em revisões			59,5			
2							
3		Mínimo	Mais Provável	Máximo			
4		40	50	80			
5							
6	Tempo gasto em retrabalho			148,7			
7							
8		Mínimo	Mais Provável	Máximo			
9		110	150	190			
10							
11	Tempo total gasto em revisões e retrabalho				208,2		

Figura 9.3. Modelo de risco desenvolvido pela Quick Software.

A Figura 9.4 mostra as fórmulas utilizadas na construção do modelo de risco da Quick Software. Note que o tempo gasto em revisões estruturadas e o tempo gasto em retrabalho foram modelados com funções de distribuição de probabilidade triangulares, e que um novo parâmetro foi inserido nestas funções. Tratam-se das funções RiskIndepC e RiskDepC.

	A	B	C	D	E	F	G	H
1	Tempo gasto em revisões			=RiskTriang(B4;C4;D4;RiskIndep("REV"))				
2								
3		Mínimo	Mais Provável	Máximo				
4		40	50	80				
5								
6	Tempo gasto em retrabalho			=RiskTriang(B9;C9;D9;RiskDep("REV";-0,8))				
7								
8		Mínimo	Mais Provável	Máximo				
9		110	150	190				
10								
11	Tempo total gasto em revisões e retrabalho				=RiskOutput() + D1+D6			

Figura 9.4. Fórmulas utilizadas no modelo de risco da Quick Software

Já que em um mesmo modelo de risco podem existir diversas correlações que precisam ser modeladas, precisamos dizer a que correlação estamos nos referindo em um dado momento.

Neste sentido, a função RiskIndep, que contém um único parâmetro, desempenha uma dupla função:

- Assinala os valores a serem correlacionados, neste caso o tempo gasto em revisões, e
- Dá um nome à correlação, ou seja, "REV".

Por sua vez, a função RiskDepC também desempenha uma função dupla. Além de indicar através do primeiro parâmetro a que variável os valores gerados pela função RiskTriang estão correlacionados, indica também a intensidade da correlação. Neste caso, -0,8.

O Gráfico 9.5 mostra os valores gerados nas células D1 e D6 na forma de um diagrama de dispersão. Observe que, conforme modelado pelas funções RiskIndep e RiskIndepC, quanto maior for o tempo gasto em revisões, menor o tempo gasto em retrabalho.

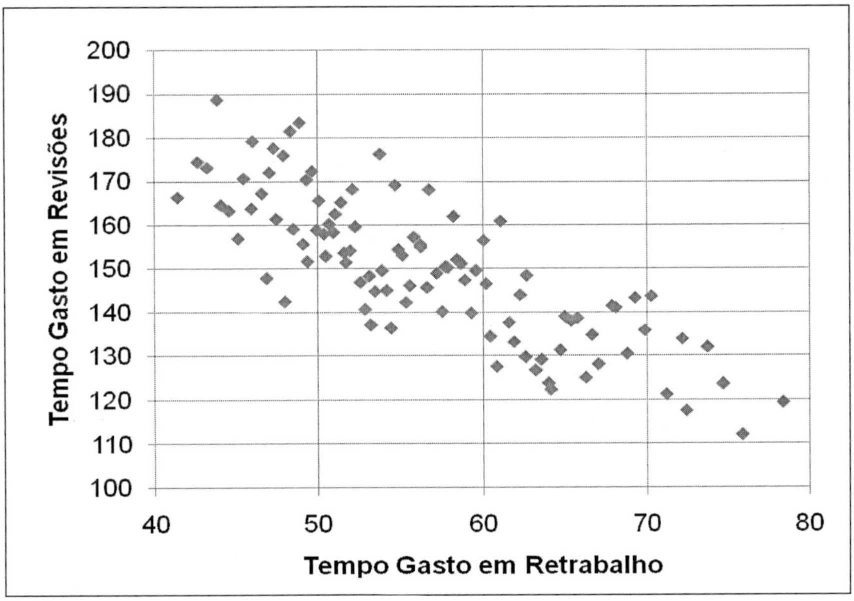

Gráfico 9.5. Relacionando o tempo gasto em revisões com o tempo gasto em retrabalho

Como ficaria o modelo de risco da Quick Software sem correlação?

A Tabela 9.5 exibe estatísticas que foram coletadas durante o processo de simulação da variável "Tempo total gasto em revisões e retrabalho" do modelo de risco da QUICK SOFTWARE.

Estatística	Com Correlação (horas)	Sem Correlação (horas)	Diferença (Aumento %)
Média	206,7	206,7	0,0%
Desvio Padrão	8,5	18,1	114,6%

Tabela 9.5. Comparando um modelo de risco com correlação com o mesmo modelo sem correlação.

Observe que, enquanto o valor médio do tempo total gasto em revisões e retrabalho permanece exatamente o mesmo, o desvio padrão dobra quando o modelo deixa de contemplar a correlação que existe entre revisão e retrabalho, indicando um aumento substancial da incerteza associada ao tempo total.

O Gráfico 9.6 exibe a função de probabilidade acumulada do tempo total gasto em revisões e retrabalho. A Tabela 9.6 sumariza alguns pontos de corte de interesse da função. Lembre-se que $P(x \leq X) = 80\%$ indica o ponto na curva da função de probabilidade acumulada que tem apenas 20%, isto é, 1 – 80% de chance de ser superado.

Portanto, se o gerente do projeto resolver utilizar uma estimativa 80%-20%, ou seja, fornecer uma estimativa que tem 80% de ser favorável ao estimador e 20% de não ser, sem o uso da correlação ele estaria fornecendo uma estimativa 4,5% maior do que quando leva em consideração a correlação que existe entre o tempo gasto em revisões e o tempo gasto em retrabalho. Se o corte for 85%-15%, o erro sobe para 5,0% e se for 90%-10% o erro alcança 5,8%.

Em consequência, neste caso, sem considerar a correlação, o gerente de projeto terá a tendência de fazer estimativas mais pessimistas do que seriam necessárias.

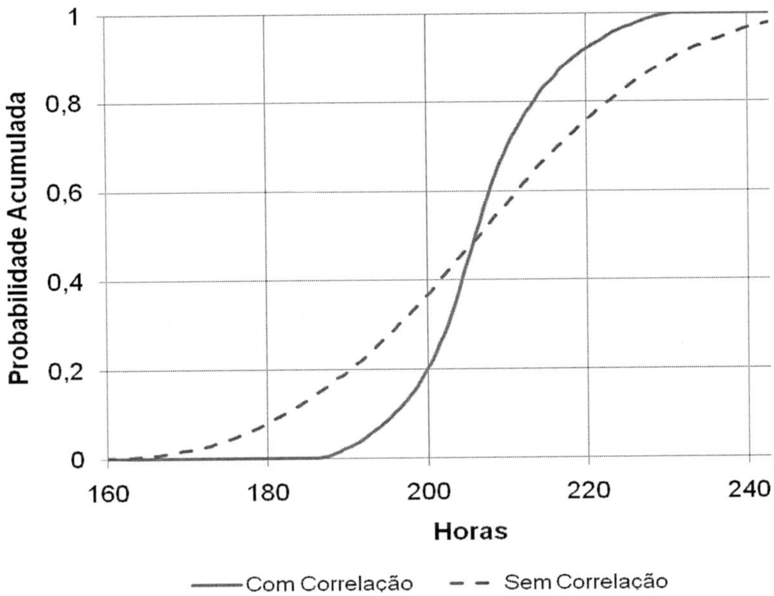

Gráfico 9.6. Probabilidade acumulada do tempo total de desenvolvimento

Estatística	Com Correlação (horas)	Sem Correlação (horas)	Diferença (Aumento %)
P(x ≤ X) = 80%	213,4	223,0	4,5%
P(x ≤ X) = 85%	215,7	226,4	5,0%
P(x ≤ X) = 90%	218,5	231,1	5,8%

Tabela 9.6. Pontos de interesse do gráfico de probabilidade acumulada do tempo total de desenvolvimento.

Como determinar o coeficiente de correlação adequado a ser utilizado em uma modelagem?

Em muitas situações dados sobre as variáveis que estão correlacionadas existem, podem ser facilmente coletados ou podem ser adquiridos por um preço que você está disposto a pagar. Nestes casos, basta fazer uso da Fórmula 9.1 para se determinar o coeficiente de Spearman, que pode ser facilmente introduzido em um modelo de risco com o auxílio das funções RiskIndepC e RiskDepC.

Caso os dados necessários não possam ser obtidos, você pode recorrer à opinião de especialistas, que são pessoas cujo conhecimento e experiência permitem que façam estimativas precisas sobre um determinado valor.

Neste caso, o procedimento mais comum é apresentar ao(s) especialista(s) diversos modelos de diagrama de dispersão, cada um construído com um coeficiente de correlação diferente, e solicitar que ele(s) faça(m) a escolha mais adequada.

Por exemplo, as Figuras 9.5 (A), (B), (C) e (D) apresentam quatro diagramas de dispersão que relacionam o tempo gasto em revisões e o tempo gasto em retrabalho. Que fator de correlação você selecionaria para construir o modelo de risco da QUICK SOFTWARE?

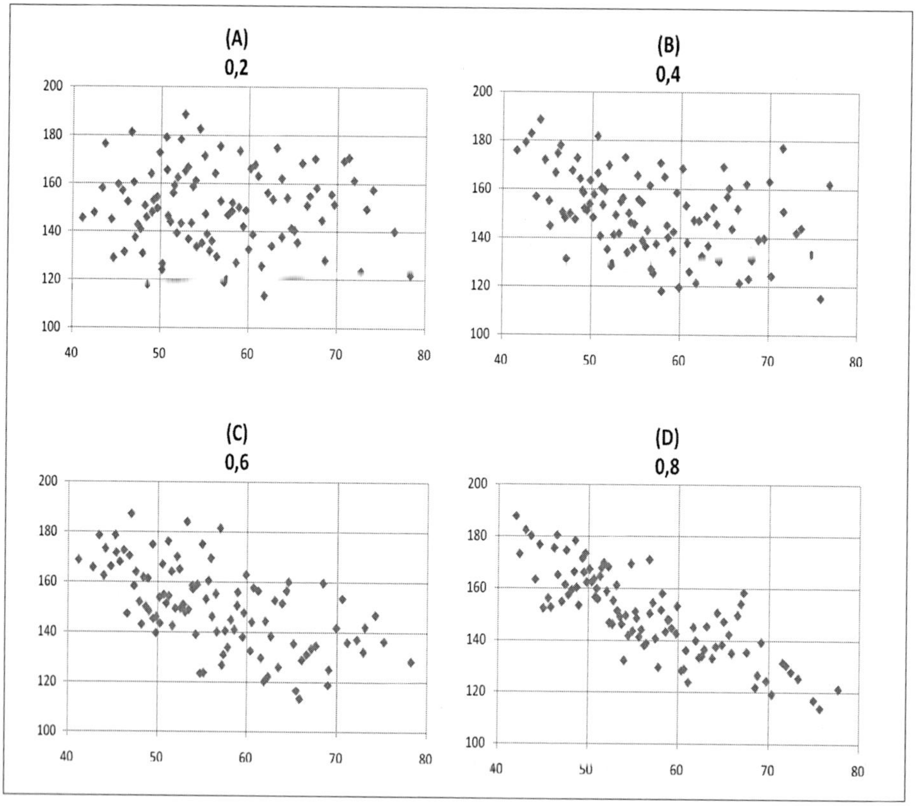

Figura 9.5. Tempo gasto em revisões versus tempo gasto em retrabalho com diferentes graus de correlação

Todas as correlações precisam ser modeladas?

Como o processo de introduzir uma determinada correlação em um modelo de risco é, em geral, custoso, uma pergunta que naturalmente vem à nossa mente é se todas as correlações precisam ser modeladas.

Na verdade, nem todas as correlações causam o mesmo impacto em um modelo de risco. Enquanto algumas correlações alteram substancialmente os resultados de um modelo, outras têm um impacto pífio[22].

A forma mais fácil para se determinar o impacto de uma correlação em um modelo de risco é imaginar que ela existe, modelá-la com o auxílio das funções RiskIndepC e RiskDepC utilizando um alto índice de correlação (tipicamente 0,9 ou -0,9, conforme o caso) e observar um impacto sobre o modelo.

Se o impacto for pequeno, isto é, o resultado variar entre 0% e 5% quando comparado ao obtido sem o uso de correlação, então a correlação em questão não precisa ser necessariamente modelada.

Um cuidado especial deve ser tomado quando várias correlações que não impactam no resultado do modelo de risco individualmente o fazem quando consideradas em conjunto. Neste caso elas devem ser modeladas com a maior precisão possível.

Exercícios

1. Use um "V" para indicar as afirmações corretas sobre a modelagem de correlações em um modelo de risco e "F" caso contrário.

   a) [ ] Se você deixar de modelar corretamente as correlações que existem no mundo real, então o seu modelo de risco vai necessariamente deixar de retratar a realidade.

   b) [ ] As decisões que são tomadas a partir de um modelo no qual as correlações não estão modeladas serão sempre inadequadas.

   c) [ ] Algumas correlações influenciam mais fortemente os resultados apresentados por um modelo de risco do que outras.

---

[22]Muito pequeno, desprezível

d) [ ] Somente as correlações que influenciam mais fortemente o resultado de um modelo de risco precisam ser realmente modeladas.

e) [ ] Todas as correlações que podem influenciar o resultado de um modelo de risco devem ser modeladas corretamente, caso se deseje que o modelo reflita adequadamente a realidade.

2. O que são diagramas de dispersão?

   a) Gráficos formados por eixos cartesianos que relacionam dois conjuntos de valores de escala ordinal, intervalar ou de razão.

   b) Diagramas que retratam as ideias de René Descartes (1596-1650), o pai da matemática, sobre a geometria descritiva.

   c) Gráficos que mostram o processo de separação de indivíduos anteriormente agrupados.

   d) Diagrama que mostra a falta de concentração de estudantes das mais variadas séries.

3. Como os diagramas de dispersão podem ajudar na investigação da correlação que possa existir entre dois grupos de valores?

   a) Fornecem uma medida para a intensidade da correlação que possa existir entre esses dois grupos de valores.

   b) Mostram mais claramente o que acontece com um dos grupos de valores quando o valor do outro aumenta ou diminui.

   c) Servem principalmente para identificar correlações acidentais.

   d) São mais precisos que o coeficiente de correlação na mensuração da intensidade de sincronismo que possa existir entre os dois grupos de valores.

4. O que é o coeficiente de correlação de Spearman?

   a) Um número que, ao se afastar de zero, indica uma diminuição da correlação entre os elementos de um conjunto de pares de valores.

   b) A razão entre o eixo maior e o eixo menor de uma elipse.

   c) Um número adimensional entre -1 e 1.

   d) Um número que, ao se aproximar de zero, indica um aumento da correlação entre os elementos de um conjunto de pares de valores.

5. A ocorrência de um coeficiente de Spearman entre 0,70 e 0,90 em valor absoluto indica que tipo de correlação entre os componentes de um conjunto de pares de valores?
   a) Inexistente.
   b) Fraca.
   c) Moderada.
   d) Forte
   e) Perfeita.
6. Um coeficiente de Spearman de -0,9 indica que:
   a) Quando um dos valores se aproxima do seu máximo, espera-se que o outro valor também se aproxime do seu máximo.
   b) Quando um dos valores se aproxima do seu máximo, espera-se que o outro valor se aproxime do seu mínimo.
   c) Quando um dos valores se aproxima do seu mínimo, espera-se que o outro valor também se aproxime do seu mínimo.
   d) Quando um dos valores se aproxima do seu máximo, nada se pode afirmar sobre o outro valor.

Nas questões que se seguem considere o seguinte caso: a STRATFORD ACADEMY OF ENGLISH, ou ACADEMIA STRATFORD DE INGLÊS, foi fundada há exatamente cem anos, em Stratford-upon-Avon, na Inglaterra, por Sir Philip H. Davis, um cavalheiro, filantropo e diplomata a serviço do governo britânico.

Os objetivos da academia, estabelecidos na época da fundação por Sir Davis, são simples, claros e diretos:

> *Ajudar estrangeiros, principalmente estudantes e pessoas de negócio, a obterem um maior domínio da língua inglesa.*

Embora, desde a sua fundação, a academia sempre tenha se orgulhado de utilizar os últimos recursos tecnológicos para aumentar a velocidade de absorção dos ensinamentos que ministra aos estudantes, o procedimento de recepção dos novos alunos mudou pouco nestes últimos cem anos.

Assim que os alunos chegam à academia eles são indagados sobre o número de anos de estudo de inglês que tiveram em seus países de origem, sendo submetidos, em seguida, a um teste com questões de diferentes graus de dificuldade sobre a língua inglesa.

O resultado do teste é uma nota entre 0 e 10, proporcional ao número de questões que o estudante respondeu corretamente. Enquanto a nota zero indica um conhecimento extremamente reduzido da língua inglesa, a nota 10 indica grande domínio no uso do idioma.

A Tabela 9.7 mostra o resultado do teste de admissão de estudantes europeus que foram coletados ao longo dos anos.

Anos de Estudo do Candidato	Nota Média no Teste de Admissão
1,4	3,6
1,6	3,5
1,8	3,9
2,0	4,2
2,2	4,4
2,4	5,1
2,6	5,0
2,8	5,1
3,0	4,7
3,2	6,4
3,4	5,7
3,6	5,9
3,8	6,5
4,0	6,1
4,2	7,6
4,4	8,0
Média	5,4

Tabela 9.7. Teste de admissão para estudantes novos da Stratford Academy of English.

7. A Tabela 9.8 contém os elementos necessários ao cálculo do coeficiente de Spearman entre os anos de estudo de inglês e a nota na prova de admissão a Stratford Academy of English. Complete os valores que estiverem faltando.

Anos de Estudo do Candidato (AE)	Nota Média no Teste de Admissão (NM)	Posto		$\Delta R^2 =$ $(AE - NM)^2$
		AE	NM	
1,4	3,6	1	2	1
1,6	3,5	2	1	1
1,8	3,9	3	3	0
2,0	4,2	4	4	0
2,2	4,4	a)	5	0
2,4	5,1	6	8	4
2,6	5,0	7	7	0
2,8	5,1	8	8	0
3,0	4,7	9	6	c)
3,2	6,4	10	13	9
3,4	5,7	11	10	1
3,6	5,9	12	b)	1
3,8	6,5	13	14	1
4,0	6,1	14	12	4
4,2	7,6	15	15	0
4,4	8,0	16	16	0
		Total		d)

Tabela 9.8. Elementos necessários ao cálculo do coeficiente de correlação de Spearman

8. O coeficiente de Spearman entre os anos de estudo de inglês e a nota na prova de admissão a Stratford Academy of English é:
   a) 0,95
   b) 0,90
   c) 0,85
   d) 0,80
9. O que se pode afirmar sobre o coeficiente de correlação de Spearman dos valores apresentados no diagrama de dispersão que se segue?

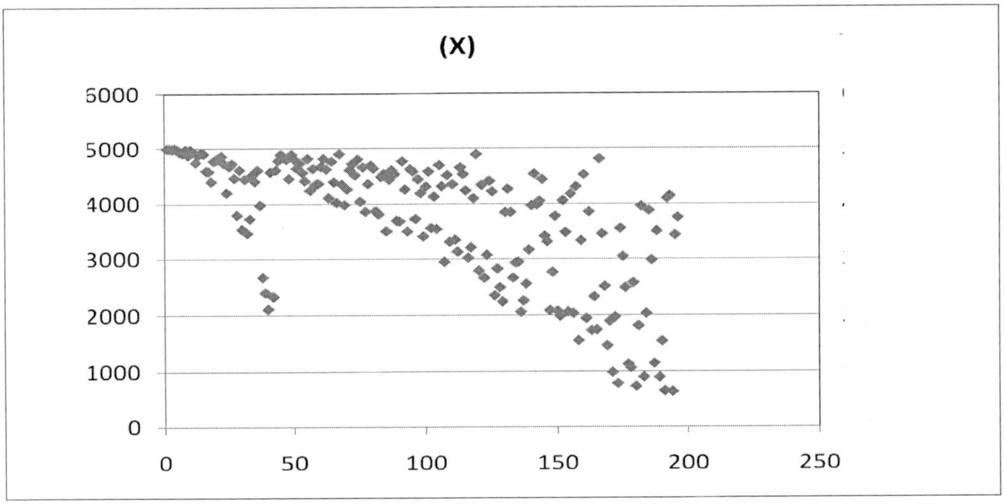

   a) É relativamente alto.
   b) É relativamente baixo.
   c) Está próximo de zero.
   d) Nenhuma das respostas anteriores.
10. Qual dos gráficos a seguir corresponde mais provavelmente ao diagrama de dispersão dos anos de estudo de inglês e a nota na prova de admissão a Stratford Academy of English?

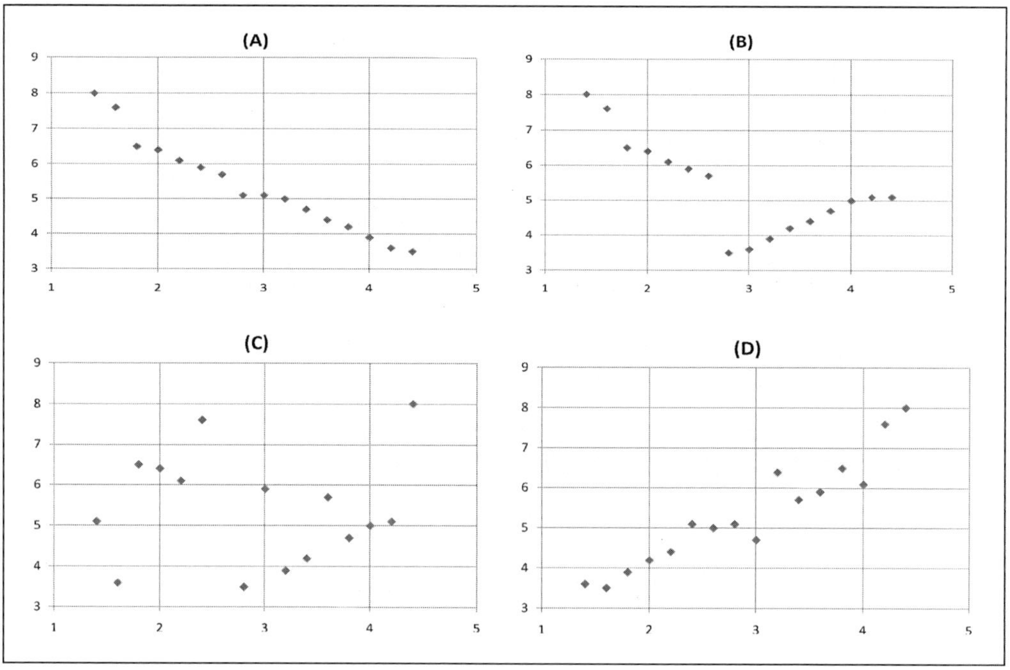

11. O que são correlações acidentais?

    a) Trata-se de uma relação entre componentes de um conjunto de pares de valores que não pode ser descrita com o vernáculo corrente.
    b) Trata-se de uma relação que foi expurgada das relações que normalmente podem existir entre componentes de um conjunto de pares de valores.
    c) São relações transitivas e reflexivas de primeira ordem.
    d) São relações de dependência que parecem existir entre os componentes de um conjunto de pares de valores, mas que na verdade não existem.

12. Use um "A" para assinalar quais das seguintes correlações são possivelmente acidentais e "NA", caso contrário:

    a) [ ] A venda de aspirinas e o índice da bolsa de valores estão inversamente correlacionados. O bom senso indica que na medida em que os preços das ações caem mais pessoas precisam de aspirina para aliviar as dores de cabeça e enxaquecas.

b) [ ] O tamanho das saias que estão em moda e o crescimento do PIB. A sabedoria popular nos ensina que em tempos de fartura as saias tendem a ficar mais curtas, refletindo o bom humor e a confiança no futuro que se apodera das pessoas.

c) [ ] O índice da bolsa de valores tende a cair no ano que precede a eleição presidencial e tende a subir no ano seguinte, diante das boas expectativas geradas inevitavelmente pelo novo presidente.

d) [ ] A quantidade de perfumes que é importada anualmente e a quantidade de casamentos naquele mesmo ano.

e) [ ] A quantidade de metal contido em uma estrela e a presença de planetas orbitando aquela estrela.

13. Que condição é suficiente para permitir que a relação de dependência que eventualmente exista entre dois conjuntos de valores possa ser descrita adequadamente por meio do coeficiente de correlação de Spearman?

    a) O perímetro da área ocupada por estes valores no diagrama de dispersão se aproxime de uma elipse.

    b) Os valores sob análise são ordinais.

    c) Os valores sob análise são da escala de razão.

    d) A área ocupada por estes valores no diagrama de dispersão é um, ou aproximadamente um.

14. Complete corretamente a sentença abaixo:

    "... quando mais próximo de zero for o coeficiente: eixo menor / eixo maior, _____ será o coeficiente de Spearman em valor absoluto e ______ será a intensidade da correlação entre os conjuntos de valores...".

15. Use um "V" para indicar que sentenças sobre o coeficiente de correlação de Spearman são verdadeiras e "F" caso contrário:

    a) [ ] Os elementos dos pares de valores sob análise precisam estar distribuídos segundo uma normal.

b) [ ] Os valores envolvidos no cálculo do coeficiente de correlação de Spearman podem pertencer à escala ordinal, intervalar e de razão.

c) [ ] O coeficiente de Spearman foi concebido no século XX.

d) [ ] O exame visual de um diagrama de dispersão pode não ser suficiente para se estimar com alguma precisão o coeficiente de correlação.

e) [ ] No cálculo do coeficiente de correlação os valores sob consideração são substituídos pelos seus respectivos postos.

16. Que funções do @Risk são utilizadas para modelar o coeficiente de correlação de Spearman?

   a) RiskIndepC e RiskDepC

   b) RiskMean e RiskStd

   c) RiskNormal e RiskStd

   d) RiskNormal e RiskTriang

17. Use um "V" para indicar as sugestões que poderiam ser dadas a uma pessoa que deseja determinar o coeficiente de correlação adequado para modelar uma relação de dependência entre duas variáveis. Use "F" caso contrário:

   a) [ ] Se for possível, reúna um grande volume de observações sobre as grandezas que estão correlacionadas. Utilize a fórmula do cálculo do coeficiente de Spearman para determinar o valor a ser utilizado na modelagem.

   b) [ ] Se não for possível coletar observações sobre as grandezas, utilize a opinião de especialistas.

   c) [ ] Se for utilizar a opinião de especialistas, construa diversos diagramas de dispersão envolvendo as grandezas sob análise, cada um com um coeficiente de correlação diferente. Peça aos especialistas para escolherem o diagrama que melhor retrata a realidade.

   d) [ ] Na escolha dos especialistas a serem consultados, você deve levar em consideração o conhecimento e a experiência dessas pessoas no que diz respeito às grandezas em consideração.

18. Que correlações precisam realmente ser modeladas na construção de um modelo de risco?
    a) Todas, sem exceção, caso contrário as decisões tomadas a partir do modelo de risco estarão seriamente comprometidas.
    b) Quase todas. Na verdade basta modelar algumas que o modelo passa a retratar a realidade.
    c) Aquelas que, em conjunto ou de forma isolada, têm um impacto significativo nos resultados apresentados pelo modelo de risco.
    d) Somente aquelas sobre as quais conseguimos coletar uma grande quantidade de observações.

19. O que são correlações espúrias?
    a) São aquelas que ferem a ética e os bons costumes.
    b) São aquelas que não são de autoria da pessoa à qual são atribuídas.
    c) São aquelas que foram adulteradas.
    d) São aquelas nas quais duas grandezas exibem uma correlação entre si, que é devida à influência de uma terceira grandeza que está oculta.

Respostas dos Exercícios

1. a) F b) F c) V d) V e) F
2. a
3. b
4. c
5. d
6. b
7. a) 5 b) 11 c) 9 d) 31
8. 0,95
9. d)
10. d)
11. d)

12. a) A b) A c) A d) A e) NA, ver (Nuno C. Santos, Willy Benz e Michel Mayor, Extrasolar Planets: Constraints for Planet Formation Models, Revista Science, Vol. 310. no. 5746, pp. 251 – 255, October 2005)
13. a
14. Maior e maior
15. a) F b) V c) V d) V e) V
16. a
17. a) V b) V c) V d) V
18. c
19. d

10. Antecipando Problemas

AO FINAL DESTE CAPÍTULO VOCÊ DEVERÁ SABER:

O que são árvores de classificação.

Como as árvores de classificação funcionam.

Como esses modelos matemáticos podem ser utilizados para antecipar problemas e facilitar as correções de rumo do projeto.

O Caso Novitatis

Os planos da prefeita

Considere a existência de uma cidade de tamanho médio, como Belo Horizonte no Brasil, Houston nos Estados Unidos, Milão na Itália ou Alexandria no Egito. Que tal chamarmos essa cidade de Novitatis?

A prefeita da cidade deseja disciplinar o uso dos estacionamentos públicos e privados no centro da cidade. Para tanto, ela pretende construir um sistema informatizado utilizando parquímetros digitais, uma rede de sensores bidirecionais e a Internet. Este sistema vai permitir que os motoristas possam reservar com antecedência o local onde desejam estacionar os seus carros.

Espera-se que o sistema melhore as condições de tráfego no centro da cidade, evitando o deslocamento inútil de veículos que não têm onde estacionar.

O novo sistema também deverá contribuir para diminuir a poluição, aumentar o caixa da prefeitura e estabelecer uma política mais racional de uso dos estacionamentos públicos.

Por exemplo, aqueles estacionamentos que tiverem utilização mais intensa poderão vir a custar um pouco mais caro do que aqueles que são usados com menos intensidade. Por outro lado, estacionamentos públicos e privados poderão ser criados nas áreas com maior demanda.

Para "tocar o projeto" a prefeita criou um comitê gestor composto por especialistas em diversas áreas do conhecimento, tais como: tecnologia da informação, engenharia de tráfego, gerência de projetos, posturas municipais, etc.

As atividades, suas dependências e durações

Com o objetivo de facilitar o planejamento do que deve ser feito, o comitê gestor resolveu dividir o projeto nas seguintes atividades:

Atividades	Descrição
A1	Seleção dos parquímetros digitais e dos sensores bidirecionais a serem utilizados no sistema de controle de estacionamentos
A2	Desenvolvimento e teste do sistema
A3	Aquisição dos parquímetros digitais e sensores a serem instalados no centro da cidade
A4	Instalação dos parquímetros digitais e dos sensores
A5	Integração dos parquímetros e sensores com o sistema de controle de estacionamentos
A6	Disponibilização do sistema para uso público
A7	Integração dos estacionamentos particulares ao sistema
A8	Modificação do sistema para permitir a inserção de anúncios e banners

Figura 10.1. Atividades que compõem o projeto de desenvolvimento de um sistema automatizado de controle de estacionamentos

A Figura 10.2 mostra a relação de dependência que existe entre as diversas atividades do projeto. Essas dependências foram identificadas pelo comitê gestor.

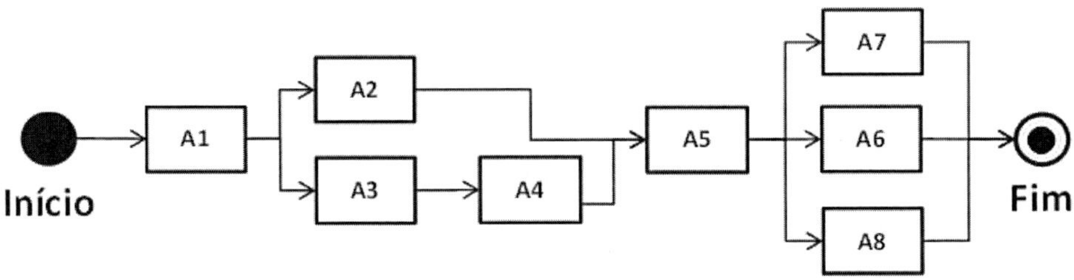

Figura 10.2. Relação de dependência entre as diversas atividades que compõem o projeto de desenvolvimento do sistema automatizado de controle de estacionamentos

A Figura 10.3 indica a duração estimada de cada atividade do projeto. Essas estimativas se baseiam em dados históricos de projetos semelhantes aos quais o comitê gestor teve acesso.

Atividade	Duração (semanas)		
	Mínimo	Mais Provável	Máxima
A1	4	6	10
A2	5	7	14
A3	3	6	8
A4	4	5	7
A5	2	3	4
A6	1	2	3
A7	7	9	11
A8	4	7	9

Figura 10.3. Estimativa da duração das atividades

O modelo de análise de risco

Antes de oferecer uma estimativa realista para a duração total do projeto de construção e implementação do sistema de controle de estacionamentos, o comitê gestor considerou prudente construir um modelo de risco da duração das atividades que compõem o projeto. A Figura 10.4 mostra as fórmulas utilizadas na construção deste modelo no @Risk.

	A	B	C	D	E	F	G
1	Atividade	Início	Duração (semanas)			Estimativa	Término
2			Mínimo	Mais Provável	Máxima		
3	A1	0	4	6	10	=RiskTriang(C3;D3;E3)	=B3+F3
4	A2	=G3	5	7	14	=RiskTriang(C4;D4;E4)	=B3+F3
5	A3	=G3	3	6	8	=RiskTriang(C5;D5;E5)	=B5+F5
6	A4	=G5	4	5	7	=RiskTriang(C6;D6;E6)	=B6+F6
7	A5	=MAX(G4;G6)	2	3	4	=RiskTriang(C7;D7;E7)	=B7+F7
8	A6	=G7	1	2	3	=RiskTriang(C8;D8;E8)	=B8+F8
9	A7	=G7	7	9	11	=RiskTriang(C9;D9;E9)	=B9+F9
10	A8	=G7	4	7	9	=RiskTriang(C10;D10;E10)	=B10+F10
11						Termino do Projeto	=RiskOutput()+MAX(G8:G10)

Figura 10.4 Modelo da duração das atividades do projeto

A Figura 10.5 mostra o gráfico da função de probabilidade cumulativa da duração total do projeto de controle de estacionamentos. Observe que, de acordo com as informações apresentadas no gráfico, a probabilidade do projeto terminar em até 31,3 semanas é de 0,80.

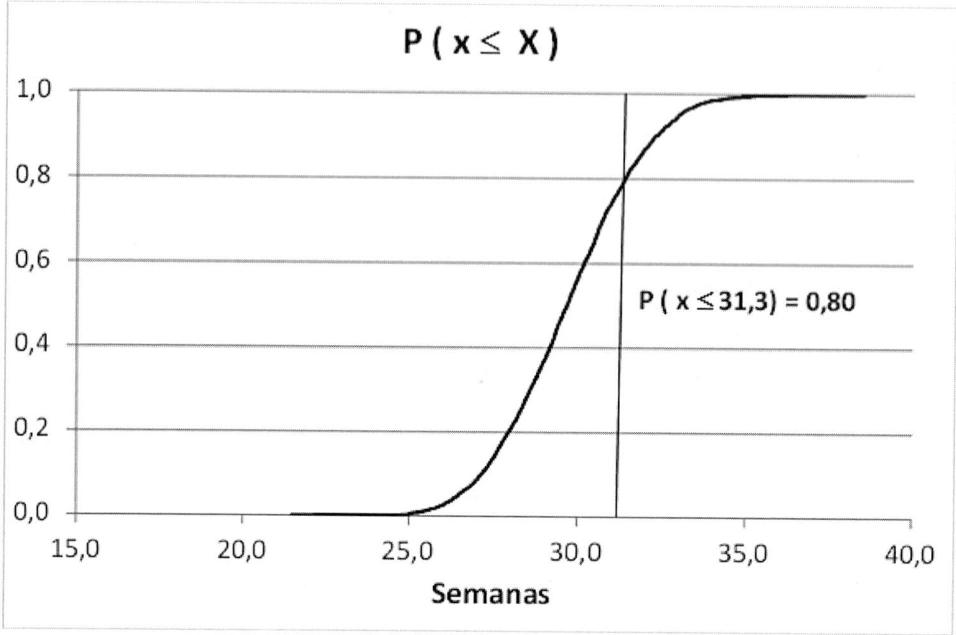

Figura 10.5. Probabilidade cumulativa das possíveis durações do projeto de controle de estacionamentos

É bem verdade que a estimativa de 31,3 semanas contém algum risco. Afinal, existe uma probabilidade de 0,20 de ela ser superada. Entretanto, trata-se de um risco pequeno, que o comitê gestor está disposto a assumir.

Antecipando problemas

De qualquer forma, os membros do comitê gestor acreditam que podem criar um modelo matemático que permita entender melhor em que condições o projeto poderia ultrapassar a marca de 31,3 semanas que pretendem oferecer como estimativa para duração total do projeto.

A Figura 10.6 apresenta os dados gerados pelo @Risk durante o processo de simulação do modelo apresentado na Figura 10.4, acrescido da coluna mais à direita, que indica se o projeto ultrapassou ou não o limite de 31,3 semanas.

Observe que cada linha da tabela apresentada na Figura 10.6 representa um cenário possível para a duração das atividades que compõem o projeto. Por exemplo, no cenário 1 a tarefa A1 dura 7,0 semanas, a A2 6,9, a A3 6,2, etc. Já no cenário 2 a tarefa A1 dura 5,8 semanas, a A2 7,6 e assim por diante.

#	Duração das Atividades (Semanas)								Duração Total do Projeto	Duração > 31,3
	A1	**A2**	**A3**	**A4**	**A5**	**A6**	**A7**	**A8**		
1	7,0	6,9	6,2	5,3	3,4	2,7	9,0	7,1	32,7	Sim
2	5,8	7,6	6,3	5,4	3,4	1,8	10,3	5,1	26,1	Não
3	5,6	6,8	3,7	4,2	3,4	1,6	9,0	6,8	23,7	Não
4	9,1	7,9	6,8	4,7	3,4	1,8	8,2	7,4	31,4	Sim
5	5,8	9,3	6,8	6,3	2,9	1,3	9,3	5,8	27,6	Não
⋮	⋮	⋮	⋮	⋮	⋮	⋮	⋮	⋮	⋮	⋮

Figura 10.6. Dados utilizados para análise pelo comitê gestor

A Figura 10.7 apresenta a árvore de classificação que foi gerada pelo comitê gestor a partir dos dados apresentados na Figura 10.6.

Trata-se, na verdade, de um modelo matemático utilizado para tomada de decisões que, a partir de um conjunto de observações coletadas sobre um evento qualquer, cria regras que nos permitem compreender melhor por que e como aquele evento ocorre.

Essas observações contêm tanto variáveis preditoras, que ajudam a descrever o evento, quanto uma "variável *target*", que descreve o resultado do evento.

Neste caso, o evento é a duração total do projeto ultrapassar 31,3 semanas. Portanto, a coluna mais à direita dos dados apresentados na Figura 10.6 contém a nossa variável *target*. As colunas de A1 a A8 contêm as variáveis preditoras, isto é, contêm as observações que fizemos sobre a duração de cada uma das atividades do projeto.

É importante observarmos que existe uma relação de causa e efeito entre a duração de cada uma das atividades do projeto e a duração total do projeto. Essa relação de causa e efeito é essencial para que possamos construir uma árvore de classificação.

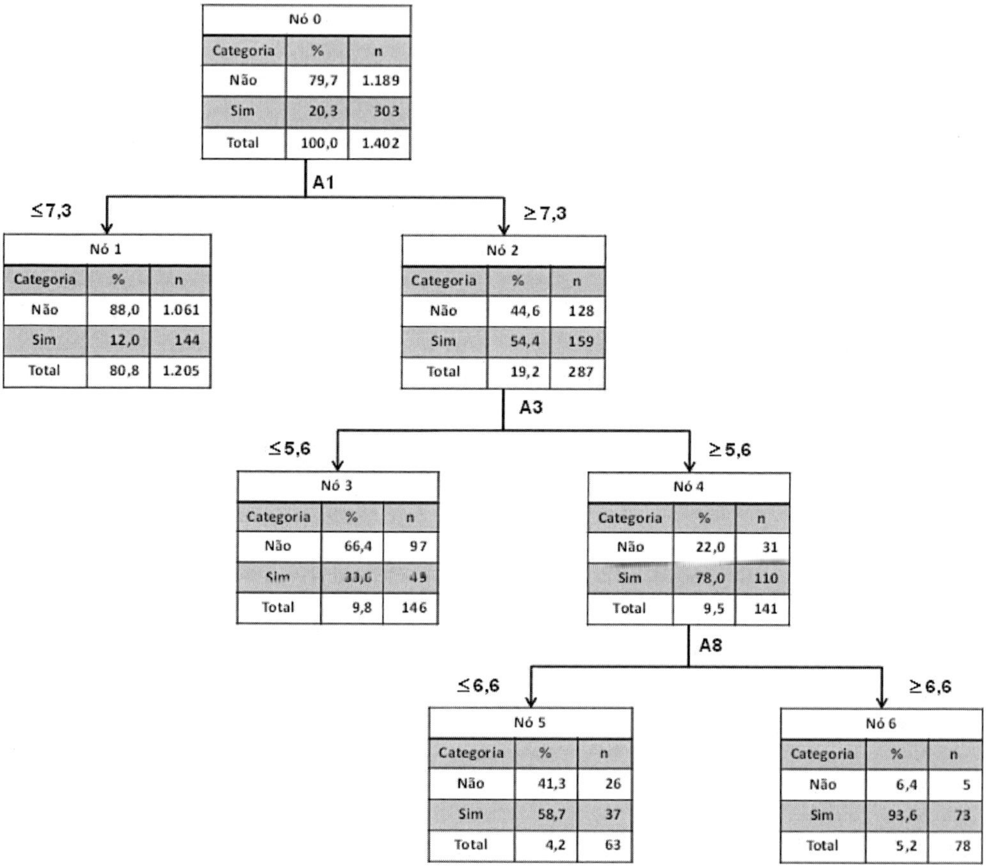

Figura 10.7. Árvore de classificação

Aprendendo a ler as regras

Tão importante quanto saber como as árvores de classificação são construídas é saber fazer a leitura das regras que elas nos propiciam.

A leitura na verdade é muito fácil. Observe que a árvore apresentada na Figura 10.7 é composta de nós que estão numerados de 1 a 6. Cada nó contém uma pequena matriz com três colunas (Categoria, % e n) e três linhas.

Vamos concentrar nossa atenção inicialmente no Nó 0, que é conhecido como raiz da árvore.

Neste caso, o Nó 0 nos informa que existem 1.402 cenários para serem analisados. Em 1.189 cenários a variável *target* contém "Não", indicando que o projeto não ultrapassou o prazo de 31,3 semanas. Nos 303 cenários restantes a variável *target* contém "Sim", indicando que o projeto ultrapassou o prazo estabelecido pelo comitê gestor.

O Nó 0 indica também a proporção de "Sim" e "Não" nos diversos cenários, isto é: 20,3% e 79,7%, respectivamente. A Figura 10.8 sumariza algumas dessas ideias.

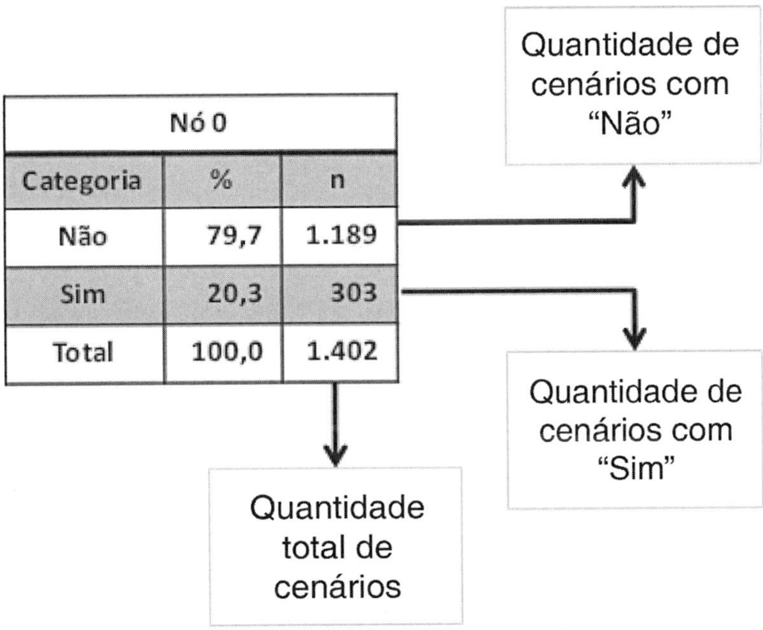

Figura 10.8. Informações contidas no Nó 0 (nó raiz)

Aprofundando a nossa capacidade de leitura

Logo abaixo do Nó 0, a árvore de classificação faz referência à variável A1, isto é, à duração da atividade A1 do projeto de controle de estacionamentos.

Isso significa que essa é a variável que melhor divide o conjunto de cenários possíveis em dois novos conjuntos de observações de tal forma que exista uma separação mais nítida entre os cenários que levam ao "Sim" e os que levam ao "Não".

Os conjuntos a que nos referenciamos são aqueles contidos nos Nós 1 e 2. Observe, por exemplo, que no Nó 2 a proporção de cenários com "Sim" saltou para 54,4%, isto é: mais do que dobrou em relação ao nó raiz! Por outro lado, no Nó 1 a proporção "Sim" caiu para 12,0%.

O que determina se um certo cenário faz parte do Nó 1 é o fato da variável A1 assumir um valor menor ou igual a 7,3 em um determinado cenário. Se o valor da variável A1 for maior do que 7,3, o cenário pertence ao Nó 2.

Algumas explicações adicionais

Portanto, tudo funciona como se tivéssemos uma pilha de formulários em cima de uma mesa. Cada formulário registra os valores que as variáveis A1, A2, ..., A8 assumem em um determinado cenário, juntamente com uma variável indicando se, naquelas condições, o projeto ultrapassou ou não a estimativa de duração oferecida pelo comitê gestor.

Ao examinarmos os formulários que fazem parte da pilha, indagamos sobre o valor de A1. Se ele for menor ou igual que 7,3, transportamos o formulário para uma pilha nova, que chamamos de Nó 1.

Caso o valor de A1 seja maior do que 7,3, transportamos este formulário para uma outra pilha que chamamos de Nó 2. O mesmo processo se repete em cada nó.

Se tomarmos a proporção de "Sim" e "Não" em cada nó como uma estimativa da probabilidade daqueles cenários conterem um "Sim" ou um "Não", então, se o valor de A1 for maior do que 7,3, estima-se que a probabilidade do projeto ultrapassar o prazo estabelecido pelo comitê gestor é de 0,544, ou 54,4%, já que este é o percentual de cenários "Sim" no Nó 2. Ver Figura 10.9.

Percentual de cenários com "Sim"

Nó 2		
Categoria	%	n
Não	44,6	128
Sim	54,4	159
Total	19,2	287

Percentual de cenários com "Não"

Percentual de cenários em relação ao total de cenários disponíveis (287 / 1.402)

Figura 10.9. Informações adicionais sobre o Nó 2

Lendo regras mais complexas

Observe que, para que um cenário pertença ao Nó 6, as seguintes condições precisam ser satisfeitas:

A1 > 7,3 e A3 > 5,6 e A8 > 6,6

Como no Nó 6 a proporção de cenários "Sim" é de 93,6%, a probabilidade de cenários com essas características excederem o prazo estabelecido pelo comitê gestor é de 0,936, o que é muito alto.

Como não desejamos que a duração total do projeto ultrapasse este prazo, o comitê gestor deve empreender esforços para que essa sequência de eventos não ocorra durante a execução do projeto.

Como as árvores de classificação podem ser utilizadas no dia a dia de um projeto

Na medida em que as atividades do projeto forem sendo concluídas, o gerente de projeto deve atualizar o modelo de risco que tiver criado para analisar a duração total do projeto (ver Figura 10.4) com estas novas informações.

Em seguida, deve criar uma nova árvore de classificação, que irá gerar as regras que descrevem os cenários a serem evitados.

Desta forma, o gerente de projeto estará apto não somente a estimar as chances do projeto terminar dentro do prazo, como poderá principalmente identificar que cenários são favoráveis e desfavoráveis ao término do projeto dentro das estimativas que tiver apresentado.

Como as árvores de classificação são construídas

Existem diversas formas de construir uma árvore de classificação. Entretanto, uma das mais utilizadas é aquela proposta pelos pesquisadores americanos Leo Breiman, Jerome H. Friedman, Richard A. Olshen e Charles J. Stone no livro “Classification and Regression Trees”, publicado pela Wadsworth & Brooks em 1984.

Nesse livro os autores propõem a criação de um índice de medição de diversidade chamado Gini, em homenagem ao estatístico italiano Corrado Gini (1884-1965).

Para situações em que a variável *target* pode assumir apenas dois valores, por exemplo, “Sim” ou “Não”, o índice nada mais é do que 1 menos a soma dos quadrados das proporções de cada um deste valores em um nó específico. A Figura 10.10 exemplifica o cálculo do índice Gini para diferentes cenários.

Cenários			Gini
Id	Sim (%)	Não (%)	
A	0	10	$1 - (0\%^2 + 100\%^2) = 0{,}0000$
B	10	90	$1 - (10\%^2 + 90\%^2) = 0{,}1800$
C	20	80	$1 - (20\%^2 + 80\%^2) = 0{,}3200$
D	30	70	$1 - (30\%^2 + 70\%^2) = 0{,}4200$
E	40	60	$1 - (40\%^2 + 60\%^2) = 0{,}4800$
F	50	50	$1 - (50\%^2 + 50\%^2) = 0{,}5000$
G	60	40	$1 - (60\%^2 + 40\%^2) = 0{,}4800$
H	70	30	$1 - (70\%^2 + 30\%^2) = 0{,}4200$
I	80	20	$1 - (80\%^2 + 20\%^2) = 0{,}3200$
I	90	10	$1 - (90\%^2 + 10\%^2) = 0{,}1800$
K	100	0	$1 - (100\%^2 + 0\%^2) = 0{,}0000$

Figura 10.10. Cálculo do índice Gini para diferentes cenários

Observe que, na verdade, o índice Gini é um medidor de diversidade. Se um cenário é totalmente homogêneo, isto é, contém apenas “Sim” ou “Não”, ele assume o valor zero. Isto ocorre nos cenários A e K.

Quando o cenário contém a mesma proporção de “Sim” e “Não”, o índice Gini assume o seu valor máximo, isto é: 0,5. Isto ocorre no cenário F.

Para proporções intermediárias de “Sim” e “Não” (10%, 20%, 30% e 40%, por exemplo), o índice Gini assume valores maiores que zero e menores que 0,5. Isso ocorre nos cenários de B a E e de G a I.

Agora considere o Nó 0 (nó raiz) da Figura 10.7. A proporção de cenários com “Sim” e “Não” neste nó é de 20,3% e 79,7% respectivamente. Portanto,

$$\text{Gini (Nó 0)} = 1 - (20{,}3\%^2 + 79{,}7\%^2) = 0{,}3236$$

Como os cenários que fazem parte do nó raiz são divididos entre os Nós 1 e 2, vamos calcular também o índice Gini destes dois nós, a saber:

$$\text{Gini (Nó 1)} = 1 - (88{,}0\%^2 + 12{,}0\%^2) = 0{,}2112$$

e

$$\text{Gini (Nó 2)} = 1 - (44{,}6\%^2 + 54{,}4\%^2) = 0{,}5051$$

Como os nós 1 e 2 contêm respectivamente

$$88{,}0\% = 1.205 \;/\; 1.402$$

e

$$19{,}2\% = 287 \;/\; 1.402$$

da quantidade total de cenários, o ganho de redução de diversidade que se obteve ao se dividir o nó raiz foi de

$$0{,}3236 - (\, 0{,}2112 \times 88{,}0\% + 0{,}5051 \times 19{,}2\%) = 0{,}0559$$

A iteratividade do processo de construção das árvores de classificação

No processo de construção de uma árvore de classificação, todas as variáveis preditoras são examinadas até que se encontre aquela que propicia a maior redução de diversidade possível.

No nosso exemplo, isso ocorre quando os cenários nos quais a variável A1 assume valores menores ou iguais a 7,3 são separados dos demais. O valor 7,3 é chamado de "ponto de corte" da variável A1.

Quando, após tentar todos os pontos de corte possíveis para todas as variáveis disponíveis, o algoritmo de árvore de classificação falha em obter uma melhoria de diversidade, ele para. Isso foi o que provavelmente aconteceu com os nós 1, 3, 5 e 6.

Outras possibilidades são: o número máximo de nós foi atingido ou a profundidade máxima da árvore foi atingida. Esses são parâmetros que, em geral, podem ser estabelecidos pelo usuário antes que o processo de construção de uma árvore de classificação tenha início.

A árvore da Figura 10.7 tem profundidade 3, isto é, o maior caminho possível da raiz até um nó terminal (nó que não tem filhos) contém três nós que não são o nó raiz.

Onde posso encontrar aplicativos de árvore de classificação?

Um excelente lugar para começar uma busca por aplicativos de árvore de classificação, assim como de outros algoritmos de mineração de dados, é a seção de algoritmos de classificação e decisão do site da Internet KD nuggets (http://www.kdnuggets.com/software/classification-decision-tree.html).

Ali o leitor interessado no assunto vai encontrar softwares livres e comerciais dos mais diversos tipos. A despeito da grande variedade de softwares disponíveis no mercado, existem quatro que o leitor não deve deixar de considerar:

- CART da Salford Systems (www.salford-systems.com) – trata-se de um dos aplicativos mais antigos nesta área. É fácil de usar devido à boa interface gráfica, além de oferecer uma grande variedade de estatísticas sobre os resultados. Tudo isso torna o CART atrativo para as mais variadas aplicações;
- SPPS da IBM (www-01.ibm.com/software/analytics/spss) – junto com o módulo de árvore de classificação, oferece uma grande variedade de métodos estatísticos para suporte à tomada de decisão, tais como: algoritmo de clusterização, testes de hipótese, amostragem, análise de fatorial, etc.;
- Weka (www.cs.waikato.ac.nz/ml/weka) – uma plataforma para análise e mineração de dados, livre e gratuita, que contém vários algoritmos de árvore de classificação, além de uma grande variedade de métodos estatísticos; e
- R-project (www.r-project.org) – uma outra plataforma para análise e mineração de dados livre e gratuita que oferece uma grande variedade de ferramentas para tomada de decisões, incluindo-se aqui as árvores de classificação.

Caso seja do seu interesse, você pode se juntar aos esforços de desenvolvimento do Weka e do R-System. Neste tipo de iniciativa, em geral, todos são bem-vindos.

É importante mencionar que as árvores de classificação são conhecidas também como árvores de decisão em certas áreas do conhecimento. O leitor interessado pode encontrar farta literatura sobre o assunto através dos mecanismos de busca da Internet (Google, Yahoo, Bing, etc.), assim como em livros sobre mineração de dados, que frequentemente contêm um ou mais capítulos sobre o tema.

No site http://equipe.nce.ufrj.br/eber disponibilizamos um demonstrativo do ISG, um software de árvore de classificação desenvolvido pelos autores deste livro com o apoio do Governo do Estado do Rio de Janeiro, que teve como braço de desenvolvimento a GeoSystem Informática, uma empresa de serviços na área de informática, e como empresa parceira a I9 Brasil, uma empresa voltada para ações de relacionamento entre marcas e pessoas. Faltam aos autores deste livro palavras para agradecer o apoio do Governo do Estado do Rio de Janeiro, da I9 Brasil e da GeoSystem Informática a essa iniciativa.

O que aprendemos com o Caso Novitatis

Possivelmente a lição mais importante que aprendemos com o Caso Novitatis é que aos modelos quantitativos de análise de risco podemos agregar uma poderosa ferramenta de análise de causa e efeito, isto é, as árvores de classificação.

As regras geradas por estas árvores são de fácil compreensão, permitindo que o gerente possa antever cenários que são desfavoráveis ao bom andamento do projeto. Ao empreender esforços para evitar que estes cenários desfavoráveis ocorram, o gerente pode aumentar substancialmente as chances de os projetos sob sua responsabilidade terminarem dentro do prazo.

Caso o modelo de risco que o gerente tenha desenvolvido retrate o custo do projeto, ao invés da sua duração, as árvores de classificação podem ser utilizadas para identificar cenários que são desfavoráveis ao término do projeto dentro do custo acordado.

Exercícios

1. O que são árvores de classificação?
   a) São modelos matemáticos que geram regras fáceis de serem compreendidas.
   b) São métodos que procuram estabelecer uma relação de causa e efeito entre variáveis.
   c) São modelos para tomada de decisão que utilizam uma variável *target*.
   d) Todas as respostas anteriores.

Considere o nó que se segue:

Nó 4		
Categoria	%	n
Não	22,0	31
Sim	78,0	110
Total	9,5	141

2. A quantidade total de cenários contidos no Nó 4 é:
   a) 31
   b) 110
   c) 141
   d) 4
3. O percentual de cenários com "Sim" é de:
   a) 22,0%
   b) 78,0%
   c) 9,5%
   d) Nenhuma das respostas anteriores.

4. O percentual de cenários contidos no Nó 4 em relação ao número total de cenários é de:
   a) 9,5%
   b) 22,0%
   c) 78,0%
   d) 11,4%
5. Qual o índice Gini do Nó 4?
   a) $1 - (9{,}5\%^2 + 78{,}0\%^2)$
   b) $1 - (22{,}0\%^2 + 78{,}0\%^2)$
   c) $1 + (22{,}0\%^2 + 78{,}0\%^2)$
   d) $1 + (22{,}0\%^2 + 9{,}5{,}0\%^2)$
6. O que é ponto de corte?
   a) É o ponto de equilíbrio entre o valor do índice Gini do nó da direita e da esquerda de um mesmo nó pai.
   b) É o ponto do processo de construção de uma árvore de classificação na qual não é mais possível dividir o conjunto de observações em novos conjuntos.
   c) É o valor utilizado para dividir o conjunto de observações em dois novos conjuntos, um contendo as observações com valores menores ou iguais que este valor e o outro contendo as demais observações.
   d) É o valor utilizado para dividir o conjunto de observações em dois conjuntos de igual tamanho.

Nó 4		
Categoria	%	n
Não	22,0	31
Sim	78,0	110
Total	9,5	141

A8

$\leq$ **6,6**

Nó 5		
Categoria	%	n
Não	41,3	26
Sim	58,7	37
Total	4,2	63

$\geq$ **6,6**

Nó 6		
Categoria	%	n
Não	6,4	5
Sim	93,6	73
Total	5,2	78

Considere a seguinte situação:

7. Que percentual de cenários contendo A8 $\leqslant$ 6,6 estão presentes no Nó 6?
   a) 0%
   b) 5,2%
   c) 4,2%
   d) 93,6%

8. Considere que o índice Gini dos nós 4, 5 e 6 são dados respectivamente por:

$$A = 1 - (22{,}0\%^2 + 78{,}0\%^2),$$
$$B = 1 - (41{,}3\%^2 + 58{,}7\%^2) \text{ e}$$
$$C = 1 - (6{,}4\%^2 + 93{,}6\%^2).$$

Neste caso a diminuição da diversidade obtida ao se dividir o Nó 4 nos nós 5 e 6 é de:

a) C x 9,5% – (B x 4,2% + A x 5,2%)

b) A x 9,5% + (B x 4,2% + C x 5,2%)

c) A x 9,5% – (B x 4,2% + C x 5,2%)

d) C x 9,5% ¸ (B x 4,2% + A x 5,2%)

9. Na situação na qual a variável *target* pode assumir apenas dois valores, o índice Gini varia entre:

a) 1 e 2

b) 1.0 e 6.0

c) 0 e 0.5

d) 2 e 4

10. A árvore da Figura 10.7 tem altura:

a) 1

b) 2

c) 3

d) 4

Respostas dos Exercícios:

1. d
2. c
3. b
4. a
5. c
6. d
7. b
8. b
9. c

10 c

Apêndice

I. Desenvolvendo Modelos de Risco de Custo e de Prazo Usando CoRisco

AO FINAL DESTE APÊNDICE VOCÊ DEVERÁ SABER, ATRAVÉS DA UTILIZAÇÃO DA MACRO CORISCO:

Como criar modelos de risco de custo
Como desenvolver modelos de risco de prazo
Como calcular valores de contingências

Modelos de risco de custo

A avaliação quantitativa do risco de custo de um projeto consiste em descobrir a distribuição de probabilidade do custo. Para isto, solicitamos aos especialistas naquele tipo de projeto qual a distribuição de probabilidade de cada um dos itens de custo. De posse da distribuição dos itens de custo, o analista de risco monta um modelo de risco que calcula a distribuição de probabilidade do custo total pela agregação dos itens de custo individuais.

Para definir a distribuição de probabilidade dos itens de custo, os especialistas são solicitados a fornecerem uma estimativa de 3 pontos para cada um desses itens. O especialista fornece, para cada item de custo, seu valor mínimo (Min), seu valor mais provável (Mp) e o valor máximo (Max). Estes três valores são usados para definir uma função distribuição de probabilidade triangular, que, na opinião do especialista, é uma representação adequada para o item de custo.

A complexidade dos modelos de risco de custo pode variar muito. Nos modelos mais simples a agregação dos itens de custo para formar o custo total é modelada pela soma aritmética dos itens de custo. Para os modelos mais complexos, a agregação dos itens depende de fatores de risco que podem ou não acontecer, como também da correlação entre itens de custo. Estes dois fatores podem aumentar, em muito, a complexidade do modelo resultante.

Vamos começar com um exemplo de um modelo simples – o risco de custo da construção de um prédio. Após ouvir os técnicos especialistas em construção civil, o montamos uma tabela com as estimativas de custo (em milhares de reais) de cada uma das atividades de construção do prédio. As estimativas estão mostradas na figura A.1.

Fase	Estimativa			
	Min	Mp	Max	Cenário
Escavação	75	82,5	92,5	C1
Fundação	57,5	67,5	77,5	C2
Estrutura	430	445	472,5	C3
Telhado	140	145	157,5	C4
Acabamento	72,5	92,5	107,5	C5

Figura A.1. Estimativa de custos de construção de um prédio

O objetivo da construção de um modelo de custo é determinar a função distribuição de probabilidade do custo total da obra. Sabemos que o custo total da obra é a soma dos custos de cada uma das cinco fases. Chamando de C1, C2, C3, C4 e C5 os custos das fases de 1 a 5, temos:

Custo Total = C1 + C2 + C3 + C4 + C5

Esta equação representa o modelo de custo da obra interligando os custos das diversas fases de construção com o custo total. Se todos os custos fossem conhecidos antes da construção ser iniciada, teríamos um modelo determinista, onde bastaria entrarmos com os valores dos custos das fases e, utilizando a fórmula do modelo, calcularmos o Custo Total.

O que muda agora é que esta soma é uma soma de cinco variáveis aleatórias, cada uma delas com uma distribuição de probabilidade própria. O custo total é, portanto, uma variável aleatória também. Nosso problema é: como calcular a função distribuição de probabilidade do custo total? A abordagem que utilizaremos para descobrir a distribuição de probabilidade é conhecida como Método de Monte Carlo.

A cada um dos conjuntos de valores possíveis para os itens de custo damos o nome de cenário. Sabemos também que, quando a obra for efetivamente executada, um dentre os muitos cenários possíveis de custo será efetivamente materializado. Nosso problema é prever qual a probabilidade de ocorrência de cada um deles.

O Método de Monte Carlo é baseado na ideia de conseguir, utilizando um sorteio, um subconjunto de todos os cenários possíveis (ou conjunto universo), chamado de amostra de cenários. Usando técnicas estatísticas podemos inferir, a partir da amostra de cenários, qual será o comportamento do universo de cenários. É análogo ao processo utilizado em pesquisas eleitorais, onde, analisando as intenções de voto de uma amostra, podemos inferir com um grande nível de confiança o comportamento do universo e prever qual será o vencedor de uma eleição.

Vamos, inicialmente, exemplificar o Método de Monte Carlo para o projeto de construção, sorteando aleatoriamente trinha cenários. Cada um destes cenários representa um valor possível de custo para cada uma das fases do projeto. Quanto mais elementos o nosso conjunto amostra contiver, teremos mais confiança de que ele é representativo do universo de cenários. Ou seja, a amostra de cenários nos dará uma ideia bastante precisa da distribuição em frequência dos cenários que realmente poderão acontecer. Em termos matemáticos, a distribuição de frequência da amostra da população nos permite inferir a distribuição em frequência do universo.

Iniciaremos usando a macro CoRisco para sortear trinta cenários de custo para o nosso projeto de construção. Os resultados estão mostrados na figura A.2.

Cenário	Escavação	Fundação	Estrutura	Telhado	Acabamento	Custo Total
1	80,8	62,7	448,0	143,8	93,1	828,4
2	81,2	74,9	437,1	140,6	85,1	818,8
3	83,7	71,8	468,5	141,1	84,2	849,3
4	84,7	68,0	438,6	143,7	104,5	839,5
5	78,7	67,2	451,7	146,3	77,5	821,5
6	89,4	74,5	463,0	141,3	95,6	863,7
7	87,6	63,7	448,6	141,5	75,1	816,4
8	81,5	62,5	440,7	141,3	91,2	817,1
9	77,7	69,1	451,1	144,8	91,4	834,1
10	88,4	70,0	449,3	151,0	74,6	833,3
11	85,0	69,4	446,5	146,3	102,3	849,4
12	78,8	65,9	437,9	146,8	79,8	809,3
13	83,5	72,7	438,6	152,6	98,3	845,8
14	85,5	61,4	433,3	146,6	82,4	809,2
15	86,8	73,8	459,5	142,6	89,4	852,2
16	82,5	71,8	460,0	142,0	91,3	847,6
17	79,2	69,8	441,5	151,5	102,7	844,8
18	81,5	67,3	443,3	152,6	97,2	841,9
19	86,7	70,8	460,2	147,9	90,2	855,8
20	77,7	69,0	439,9	152,2	83,8	822,7
21	80,8	65,3	439,7	148,5	83,9	818,2
22	86,3	67,2	450,7	145,8	96,4	846,4
23	83,9	66,5	452,9	152,2	91,9	847,4
24	83,5	65,1	433,9	147,5	104,0	834,0
25	85,1	74,8	451,0	153,9	94,3	859,1
26	85,9	64,5	433,4	154,9	98,7	837,4
27	80,2	62,9	456,7	144,3	94,6	838,7
28	86,5	70,0	464,4	140,7	86,7	848,3
29	85,3	70,2	462,4	143,0	73,5	834,3
30	86,2	61,3	446,8	151,2	84,0	829,5

Figura A.2. Trinta Cenários possíveis para o projeto de construção

De posse da amostra de cenários, nosso próximo passo é obter uma estimativa para a função de distribuição de probabilidade do custo total. Sabemos que a distribuição em frequência dos valores do custo total obtido nos trinta cenários representa uma aproximação para a distribuição de probabilidade do custo total. A distribuição de probabilidade da amostra aparece na Figura A.3. Já a Figura A.4 apresenta o gráfico da distribuição em frequência e da distribuição cumulativa da amostra.

Custo Total	Frequência	Frequência Relativa	Frequência Cumulativa
816,00	3	0,10	0,10
819,67	1	0,03	0,13
823,33	2	0,07	0,20
827,00	3	0,10	0,30
830,67	1	0,03	0,33
834,33	3	0,10	0,43
838,00	2	0,07	0,50
841,67	2	0,07	0,57
845,33	4	0,13	0,70
849,00	1	0,03	0,73
852,67	1	0,03	0,77
856,33	3	0,10	0,87
860,00	1	0,03	0,90
863,67	1	0,03	0,93
867,33	0	0,00	0,93

Figura A.3. Distribuição em frequência dos cenários da amostra

A primeira coluna "Custo total" indica o valor do custo total da amostra, a segunda coluna "Frequência" indica quantas vezes este valor de custo total ocorreu, a terceira coluna "Frequência Relativa" mostra a frequência relativa e a última coluna "Frequência Cumulativa" mostra, em termos relativos, qual a fração das amostras cujo valor foi menor ou igual a este valor de custo total.

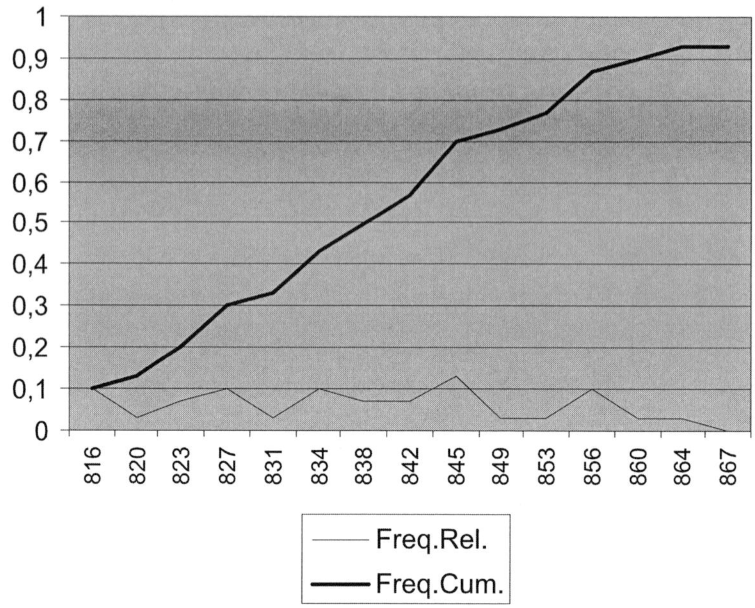

Figura A.4. Gráfico do risco de custo total da amostra

Assumindo que a função distribuição de probabilidade da amostra é uma boa aproximação para a distribuição de probabilidade do projeto, podemos utilizar a distribuição da amostra como base para a tomada de decisão. O gráfico de distribuição cumulativa é o instrumento necessário para a tomada de decisão sob risco. Por exemplo, o resultado do nosso modelo nos diz que somente 13% dos valores ficaram abaixo de 819 mil. Em outras palavras, este valor de custo foi atingido em 13% dos cenários – ou seja, 87% dos cenários apresentam um valor maior que 819 mil. Portanto, a probabilidade (risco) deste custo ser ultrapassado é de 87%. Uma situação completamente diferente ocorre se escolhermos o valor de R$ 860 mil, pois, neste caso, 90% dos cenários estudados resultaram num valor abaixo deste. Ou seja, o custo total de R$ 869.000 tem um risco de 10% de ser ultrapassado.

Resta uma última pergunta: quantos cenários devem ser gerados para ter uma boa aproximação da distribuição de probabilidade do custo total? Intuitivamente sabemos que: (1) quanto maior o número de amostras, maior será a precisão do resultado final e (2) a partir de um certo número de amostras nenhuma informação adicional será produzida. Por enquanto podemos dizer que, em termos práticos, três mil amostras nos darão um resultado bastante adequado. Voltaremos a este problema no final da seção. Os resultados da simulação de três mil cenários estão mostrados nas figuras A.5 e A.6.

Custo Total	Frequência	Frequência Relativa	Frequência Cumulativa
797,0	24	0,01	0,01
802,9	76	0,03	0,03
808,7	153	0,05	0,08
814,6	290	0,10	0,18
820,5	461	0,15	0,33
826,3	509	0,17	0,50
832,2	504	0,17	0,67
838,1	364	0,12	0,79
843,9	305	0,10	0,90
849,8	179	0,06	0,96
855,7	90	0,03	0,99
861,5	31	0,01	1,00
867,4	6	0,00	1,00
873,3	3	0,00	1,00
879,1	0	0,00	1,00

Figura A.5. Distribuição em frequência do custo total para três mil cenários

Como já havíamos imaginado, os resultados para três mil cenários são diferentes daqueles obtidos com apenas trinta cenários. Assim, um valor de 819 mil representa agora um risco de 70% (contra 90% na amostra de trinta cenários) e 860 mil apresenta um risco de menos de 1% contra (10% na amostra de trinta cenários). Isto nos dá uma lição importante: os resultados obtidos pelo método são estatísticos e portanto sujeitos a um nível de erro.

A situação não é desesperadora, entretanto. Um teorema importante da estatística, provado por dois matemáticos russos, Kolmogoroff e Smirnov, mostra que o erro máximo cometido por uma aproximação à distribuição de frequência cumulativa obtida por amostragem é dependente do número de amostras e do nível de confiança desejado para este resultado. O resultado diz que:

Módulo do erro ≤ (1,36/√n) para um nível de confiança de 95%.

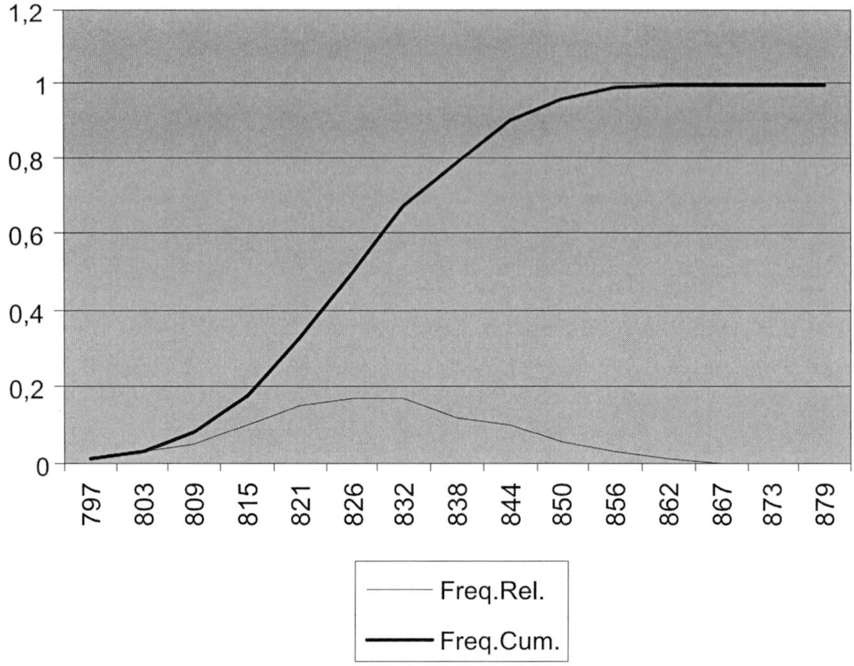

Figura A.6. Gráfico da distribuição em frequência do custo total para três mil cenários

Assim, por exemplo, com três mil amostras, com uma confiança de 95%, a distribuição cumulativa diferirá, no máximo, de ±0,025 (±2,5%) do valor real.

Na prática, é importante lembrarmos que nunca poderemos obter um resultado mais preciso do que aquele fornecido pelos especialistas. Não adianta querer resultados com precisão de 0,01% se a margem de erro dos especialistas for de 10%.

Modelos de risco de prazo

Os modelos para o risco de prazo são mais complexos que os modelos de risco de custo. Isto é devido ao fato de que o prazo total para execução de um projeto a partir da duração de suas atividades **não** é igual à soma das durações das atividades. A duração de um projeto é dada pela soma das atividades de seu caminho crítico. O caminho crítico é definido como o percurso de maior duração da rede de atividades que representa o projeto.

A rede de atividades do projeto é a representação mais utilizada para calcular o caminho crítico das atividades de um projeto. A rede de atividades mostra, de uma forma gráfica, a relação de precedência entre as atividades do projeto.

Observe a figura A.7. As atividades B e D só podem ser iniciadas quando a atividade A terminar. A atividade C só pode ser iniciada quando a atividade B terminar e a atividade E só pode ser iniciada quando tanto C como D terminarem.

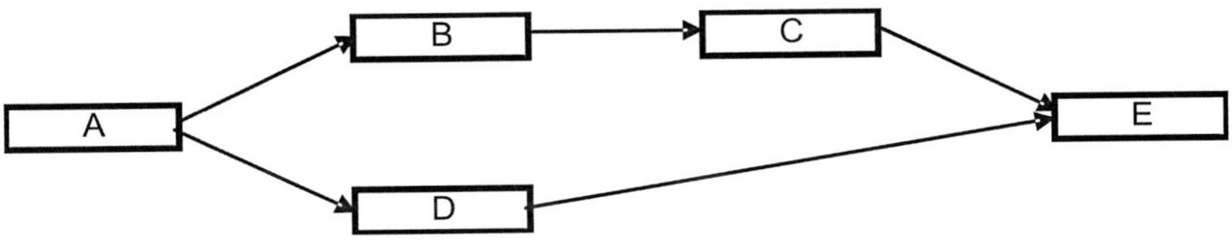

Figura A.7. Rede de atividades de um projeto

O modelo para o tempo total para a realização deste projeto é representado por uma fórmula um pouco mais complicada do que aquela do modelo de custo de construção. Chamando de TA, TB, TC, TD, TE as durações das atividades A, B, C, D, E temos que a fórmula para a duração total do projeto é dada por:

Duração Total = TA + TE+ "Maior valor entre (TB+TC) e TD"

Em outras palavras, prazo total é a soma das durações das atividades A e E somadas ao maior valor entre as durações de B mais C e D. Esta equação pode ser reescrita na linguagem de planilha do Excel:

DT = TA + TE+ Máximo (TB+TC; TD)

A informação apresentada na figura A.7 também pode ser colocada em uma tabela, da maneira mostrada na figura A.8.

Atividade	Precedentes	Duração (meses)		
		Min	Mp	Máx
A	-	3	4	5
B	A	2	3	4
C	B	1	2	3
D	A	4	5	6
E	C,D	1	2	3

Figura A.8. Representação tabular da rede de atividades

Nosso problema agora consiste em determinar os cenários possíveis da duração total em função de cenários possíveis das durações das atividades A, B, C, D, E. Para resolver este problema podemos nos valer da mesma técnica de Monte Carlo que foi usada para a determinação do risco de custo. A figura A.9 mostra o cabeçalho para a chamada da macro CoRisco e os resultados são mostrados nas figuras A.10 e A.11.

	A	B	C	D	E	F	G	F
1	Prazo		p1	P2	p3	Cenários		
2	Entradas	5						
3	A	T	3	4	5	4,296	Prazo	=f3+f7+max(f4+f5;f6)
4	B	T	2	3	4	3,275		
5	C	T	1	2	3	1,308		
6	D	T	4	5	6	4,486		
7	E	T	1	2	3	1,585		
8	Saidas	2						
9	Prazo	h3						
10	Prazo	h3						
11	Parâmetros							
12	Cenários	3000						
13	Col.Result	15						
14	Gráficos	S						

Figura A.9. Cabeçalho de chamada do CoRisco para o risco de prazo

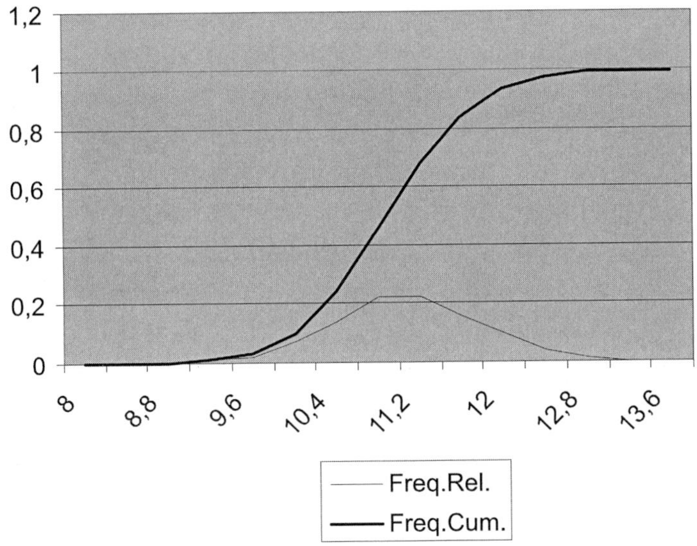

Figura A.10. Distribuição de probabilidade do prazo de execução do projeto

Prazo	Frequência	Frequência Relativa	Frequência Cumulativa
8	0	0,00	0,00
8,4	0	0,00	0,00
8,8	4	0,00	0,00
9,2	18	0,01	0,01
9,6	69	0,02	0,03
10	221	0,07	0,10
10,4	418	0,14	0,24
10,8	646	0,22	0,46
11,2	649	0,22	0,68
11,6	493	0,16	0,84
12	299	0,10	0,94
12,4	131	0,04	0,98
12,8	43	0,01	1,00
13,2	9	0,00	1,00
13,6	0	0,00	1,00

Figura A.11. Distribuição de probabilidade do prazo de execução do projeto

A duração a ser escolhida pelo gerente do projeto depende do risco que ele deseja assumir. Por exemplo, se for escolhida uma duração de dez meses, o gerente deve estar preparado para um risco muito alto, cerca de 90%, pois somente 221 amostras (das três mil) revelaram uma duração menor ou igual a dez meses. Caso a gerência consiga negociar um prazo de doze meses, o risco de prazo cai para um pouco menos de 6%, já que 94% das amostras resultaram num prazo total menor que doze meses.

Estimando risco de custo com atividades contingenciadas

Como vimos no Capítulo 3, uma das ações gerenciais para o tratamento dos fatores de risco está na criação de atividades contingenciadas. Atividades contingenciadas são aquelas executadas somente quando um evento, que desencadeia um fator de risco, realmente acontece. Vamos examinar este caso, no exemplo do projeto de construção.

Suponha que, no nosso projeto de construção, exista uma possibilidade de que o custo das fundações venha a ser substancialmente mais alto do que o estimado. Isto poderá ser ocasionado pelo fator de risco do subsolo sofrer uma infiltração causada por um lençol subterrâneo.

Após examinar o local, o nosso especialista em fundações estima que a probabilidade de encontrar um terreno sem infiltração é de 80%. Consequentemente, existe uma probabilidade de 20% de ser encontrado um terreno infiltrado, o que implicaria em um trabalho de drenagem adicional. O custo da drenagem traria, segundo o especialista em fundações, um acréscimo de custo que pode ser descrito por uma distribuição triangular (70, 100, 115) mil reais.

O nosso problema agora é definir um valor para o custo do projeto que leve em consideração dois itens: (1) a variabilidade inerente às estimativas de custo e (2) a incerteza de uma infiltração ser encontrada no terreno da obra.

A figura A.12 mostra os dados do problema colocados numa planilha. A coluna probabilidade indica a probabilidade de execução da tarefa. As tarefas que certamente serão executadas aparecem com probabilidade igual a 1, enquanto a atividade contingenciada, Drenagem, aparece com probabilidade igual a 0,2.

Fase	Estimativa			Probabilidade
	Min	Mp	Max	1
Escavação	75	82,5	92,5	1
Fundação	57,5	67,5	77,5	1
Estrutura	430	445	472,5	1
Telhado	140	145	157,5	1
Acabamento	72,5	92,5	107,5	1
Drenagem	80	100	115	0,2

Figura A.12. Dados para o projeto incluindo custo das atividades contingenciadas

O risco de custo do projeto de construção, obtido pelo método de Monte Carlo, consiste em obter amostras de cenários possíveis, que incluem tanto a variabilidade dos custos como a chance da atividade de Drenagem ser executada ou não.

A aplicação da técnica de geração de cenários a este problema requer que sejam gerados cenários que contemplem tanto a possibilidade de infiltração como variabilidade inerente ao custo das atividades.

Assim, a única alteração no nosso modelo de custo vem da introdução de uma variável do tipo Bernoulli (Tipo B). Uma variável aleatória de Bernoulli é aquela que pode assumir apenas dois valores, com probabilidade p e (1-p) respectivamente. Um exemplo de variável Bernoulli é lançamento de uma moeda onde p é a probabilidade de "cara" e (1-p) a de "coroa". Caso a moeda não seja viciada, a probabilidade para ambos os valores seria igual e, portanto, p=0,5. No CoRisco, uma variável tipo B sempre dá como resultado os valores inteiros 0 ou 1, sendo que o valor 1 é gerado com uma probabilidade igual a p.

		A	B	C	D	E	F	G
1	Custo							
2	Variáveis	7	Min	Mp	Max	Cenários	Custo	=sum(f3:F6)+f7*f8
3	Escavação	T	75	82,5	92,5	33,116		
4	Fundação	T	57,5	67,5	77,5	26,399		
5	Estrutura	T	430	445	472,5	185,310		
6	Telhado	T	140	145	157,5	58,793		
7	Acabamento	T	72,5	92,5	107,5	32,675		
8	Contingência	T	80	100	115	50,578		
9	Evento	B	0,2			0		
10	Saída	1						
11	Custo	h2						
12	Parâmetros							
13	Cenários	3000						
14	Col. Result.	15						
15	Gráficos	S						

Figura A.13. Cabeçalho de chamada da macro CoRisco

No nosso caso, a variável Evento (do tipo Bernoulli) modela a possibilidade de encontrarmos uma infiltração. Portanto, o único parâmetro da distribuição tipo B requerido para modelar o acontecimento do evento infiltração é p=0,2. Quando o evento acontecer, o valor do custo contingenciado será somado ao custo total. A Figura A.14 mostra os resultados da simulação.

Custo	Frequência	Frequência Relativa	Frequência Cumulativa
794,00	14	0,00	0,00
806,27	153	0,05	0,06
818,53	524	0,17	0,23
830,80	827	0,28	0,51
843,07	620	0,21	0,71
855,33	223	0,07	0,79
867,60	27	0,01	0,80
879,87	2	0,00	0,80
892,13	8	0,00	0,80
904,40	48	0,02	0,82
916,67	133	0,04	0,86
928,93	198	0,07	0,93
941,20	133	0,04	0,97
953,47	68	0,02	0,99
965,73	22	0,01	1,00

Figura A.14. Risco do custo do projeto com atividades contingenciadas

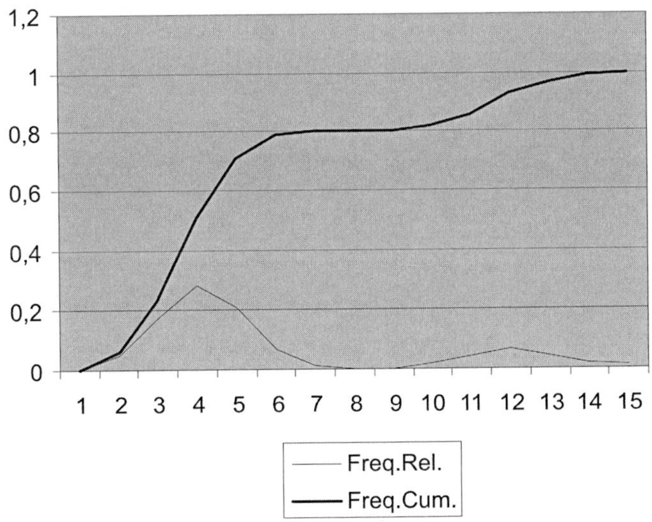

Figura A.15. Risco de custo do projeto com atividades contingenciadas

Qual o valor de custo a ser atribuído à obra? O empreiteiro deve primeiramente definir o nível de risco que ele está disposto a correr. Suponha que ele está disposto a correr um risco de 15%. Olhando na tabela, vemos que um valor de R$ 906 mil corresponde a um risco aproximado de 14%.

Qual o valor do orçamento a ser contingenciado? Podemos escolher o valor médio dos cenários como um alvo de custo para a obra. Se calcularmos a média dos três mil cenários teremos um valor aproximado de R$ 858 mil e deixaremos, como valor contingenciado, a diferença entre o assumido com risco de 15% e o alvo de custo. Resumindo, o gerente do projeto trabalhará para atingir um custo de R$ 858 mil, sabendo que tem uma reserva de contingência de R$(906 – 858)=R$ 48 mil para fazer frente aos fatores de risco do projeto.

Exercícios

Problema 1 - Observe a tabela a seguir que mostra os dados para um projeto de construção:

Tarefa	Descrição	Pred.	Duração			Custo		
			Min	Mp	Max	Min	Mp	Max
A	Obter materiais	-	2	4	18	300	450	600
B	Obter mão de obra	-	5	9	19	480	600	720
C	Escavar	-	4	10	28	3.750	4.500	5.250
D	Colocar fundação	C	8	13	36	8.400	9.600	10.800
E	Construir estrutura	B,D	44	60	100	300.000	312.000	322.500
F	Instalação Hidráulica	E	30	40	74	37.650	39.600	41.400
G	Instalação Elétrica	E	9	20	43	10.500	11.550	12.600

Tarefa	Descrição	Pred.	Duração			Custo		
			Min	Mp	Max	Min	Mp	Max
H	Acabamento interior	F,G	24	30	48	36.000	38.400	40.800
I	Acabamento Exterior	F	28	29	96	48.750	52.500	56.250
J	Limpeza Local	H,I	10	10	12	360	450	540

Assuma que você é o diretor da empreiteira encarregada da obra. Qual o prazo e o custo que você colocaria numa proposta partindo do princípio de que você está assumindo um risco máximo de 15% tanto para o prazo como para o custo da obra?

Problema 2 – O equipe do prefeito está elaborando uma proposta para um novo centro comunitário de uma cidade. A equipe da gerência do projeto dividiu o escopo do projeto em sete pacotes de trabalho, e uma equipe de especialistas em construção definiu estimativas de 3 pontos para cada um dos pacotes de trabalho. Os valores resultantes deste trabalho estão mostrados a seguir (todos os valores em R$ 1.000).

Pacote 1 – Planejamento inicial: o valor estimado é de (15; 17; 19). O fato do prefeito não dispor de maioria na Câmara implica numa chance de 50% do plano inicial ser rejeitado, o que ocasionaria alterações no projeto que elevariam este custo para (20; 22; 25).

Pacote 2 – Terraplanagem: o cenário mais favorável, com 75% de chance, é aquele em que não serão encontrados problemas de infiltração do lençol freático e o custo de terraplanagem estimado é de (41; 42; 47). No caso de infiltração este custo subirá para (45; 47; 50).

Pacote 3 – Material: custo estimado (100, 105, 110).

Pacote 4 – Mão de obra: valor estimado é de (40, 45, 52).

Pacote 5 – Aluguel de equipamentos: custo estimado (35, 36, 40).

Pacote 6 – Acabamento e jardinagem: custo estimado (25, 26, 27).

Pacote 7 – Administração da obra: custo estimado (15,17,19).

Calcule o risco de custo desta obra. Assumindo que: o valor da obra foi definido com um risco de 15%, e o orçamento do projeto é o valor médio da distribuição de custo, calcule o valor (em R$ 1.000) a ser colocado como reserva de contingência.

Problema 3 – A tabela a seguir mostra a lista de atividades que deve ser executada para o desenvolvimento de um sistema de informação.

Atividade	Duração (semanas)		
	Mín	Mp	Máx
Requisitos	4	6	8
Arquitetura do sistema	4	5	7
Design	2	2,5	5
Codificação dos módulos	4	5	6,5
Teste dos módulos	1,5	2	3
Integração	4	5	7
Teste do sistema	2	2	5
Teste de aceitação	1	1	7

O analista de sistemas encarregado do projeto considera que existe uma chance de 25% de que seja necessário algum tipo de retrabalho após o teste do sistema. Este retrabalho requereria 20% do tempo gasto nas atividades de codificação, teste dos módulos e do teste de sistema.

Calcule o risco de prazo deste projeto. Qual a duração que você daria, assumindo um risco de 15%?

II. Como Usar o @Risk

AO FINAL DESTE APÊNDICE VOCÊ DEVERÁ SABER:

O que é o @Risk.
Onde obter o @Risk.
Como utilizar o @Risk para desenvolver modelos de análise de risco quantitativos.
Como analisar os resultados propiciados pelo @Risk.

O @Risk

O @Risk é uma das ferramentas para análise de risco quantitativa mais utilizadas em todo o mundo.

Confeccionado e distribuído pela empresa americana Palisade Corporation, o @Risk é uma biblioteca de macros que estendem as funcionalidades do Microsoft Excel, colocando à disposição do usuário um vasto conjunto de ferramentas que facilita a construção de modelos para análise de risco.

Dentre as principais facilidades propiciadas pelo @Risk encontram-se:

- Dezenas de funções de probabilidade;
- Gráficos de probabilidade e de probabilidade acumulada;
- Estatísticas de tendência central, de posição e de variabilidade;
- Facilidades para o estabelecimento de correlação entre variáveis;

- Ferramentas para análise de sensibilidade do modelo de risco;
- Etc.

Para propiciar todas estas facilidades o @Risk possui um mecanismo interno que implementa o método de simulação de Monte Carlo, desenvolvido por Nick Metropolis e outros cientistas, no Laboratório Nacional de Los Alamos, nos Estados Unidos, no início da década de 50.

Um *demo* do @Risk pode ser encontrado no site da Palisade Corporation no endereço www.palisade.com, juntamente com *demos* de uma grande variedades de softwares para construção de modelos quantitativos de suporte a decisão.

A barra de ferramentas do @Risk

Após descarregar e instalar o *demo* do @Risk, você irá notar que uma barra de ferramentas similar à que se segue foi adicionada às barras de ferramentas do Excel. Trata-se da barra de ferramentas do @Risk.

Figura AII.1

O Quadro AII.1 descreve, de forma sucinta, as funções executadas por cada um dos ícones encontrados na barra de ferramentas do @Risk.

Barra de Ferramentas do @Risk	
Símbolo	**Função**
	Carrega um arquivo do @Risk
	Salva um arquivo do @Risk
	Cria uma função de probabilidade

Barra de Ferramentas do @Risk	
Símbolo	**Função**
	Identifica uma variável como sendo de saída
	Mostra a lista de variáveis de entrada e saída
	Seleciona determinados tipos de funções do @Risk
	Estabelece os parâmetros de simulação
	Estabelece parâmetros para relatórios emitidos pelo @Risk
	Começa o processo de simulação
	Mostra a janela com informações sobre o modelo construído com auxílio do @Risk
	Mostra a janela dos resultados do processo de simulação

Quadro AII.1

Vamos examinar mais de perto a função desempenhada por cada um dos ícones da barra de ferramentas através de um exemplo prático.

Usando o @Risk: o Caso da Empresa de Consultoria

Suzana Comoros foi encarregada pelos colegas da empresa de consultoria onde trabalha de estimar os custos para a preparação de uma festa de aniversário surpresa para o chefe da seção de projetos internacionais.

Como este evento irá ocorrer no futuro próximo, Suzana resolveu construir um modelo de risco que permitisse estimar os custos associados à festa, levando em consideração as incertezas que ocorrem naturalmente em relação a este tipo de evento.

Os itens de custo que Suzana levou em consideração foram:

- Refrigerantes;
- Bolo;
- Salgadinhos;
- Acessórios (toalha de papel, velas, balões coloridos, talheres de plástico, guardanapos etc.) e
- Presente do aniversariante.

Obviamente, o custo da maioria destes itens depende do número de pessoas que irá comparecer à festa.

A figura AII.2 apresenta o modelo de risco desenvolvido por Suzana, utilizando o @Risk.

Quantidade Total de Convidados | 78

Mínimo	+Provável	Máximo
52	65	90

Refrigerantes | R$ 45,10

Custo Por Cada 2 Litros			
Mínimo	+Provável	Máximo	Estimativa
R$ 1,80	R$ 2,20	R$ 2,50	R$ 2,15

Consumo por Convidado em Mililitros			
Mínimo	+Provável	Máximo	Estimativa
200	400	700	544,2

Bolo | R$ 28,76

Mínimo	+Provável	Máximo
R$ 23,00	R$ 28,00	R$ 34,00

Custo Total | R$ 493,33

Salgadinhos | R$ 273,86

Consumo de Salgadinho por Convidado			
Mínimo	+Provável	Máximo	Estimativa
4	6	10	8

Custo do Cento			
Mínimo	+Provável	Máximo	Estimativa
R$ 30,00	R$ 40,00	R$ 55,00	R$ 45,64

Acessórios | R$ 52,68

Mínimo	+Provável	Máximo
R$ 45,00	R$ 52,00	R$ 70,00

Presente | R$ 92,93

Mínimo	+Provável	Máximo
R$ 80,00	R$ 90,00	R$ 120,00

Figura AII.2

Observe que a célula C21, "Custo Total", contém a soma dos diversos itens de custo da festa surpresa.

A figura AII.3 apresenta, para o modelo desenvolvido por Suzana, o conteúdo das células que contêm funções do @Risk ou do Excel.

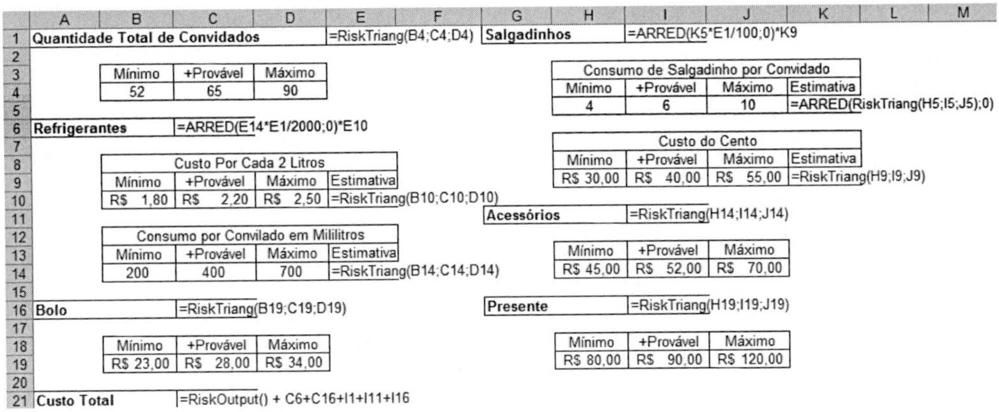

Figura AII.3

O primeiro passo para se utilizar o @Risk na análise do modelo é informar ao software qual é a célula (ou células) cujo conteúdo se deseja analisar; neste caso trata-se da célula C21, "Custo Total".

Isso é feito selecionando-se a célula e pressionando-se o ícone  na barra de ferramentas do @Risk.

Em consequência desta ação, o conteúdo da célula C21 é alterado para:

=RiskOutput() + C6+C16+I1+I11+I16

É importante ter em mente que, do ponto de vista do Excel, a função *RiskOutput()* sempre retorna o valor zero.

Entretanto, do ponto de vista do @Risk, a presença da função *RiskOutput()* em uma equação tem o efeito de informar ao software que o conteúdo daquela célula, assim como de todas as funções de probabilidade do @Risk utilizadas, direta ou indiretamente, na célula, tem que ser coletado durante o processo de simulação para análise *a posteriori*.

O segundo passo consiste em escolher os parâmetros de simulação. Isso é feito pressionando-se o ícone .

Dentre os parâmetros de simulação que o usuário do @Risk pode escolher encontram-se:

- O número de cenários a serem gerados;
- O método de simulação a ser utilizado;
- Os mecanismos de monitoração do processo de simulação;
- Os efeitos de animação que serão produzidos durante o processo de simulação;
- As macros que serão executadas antes e depois do processo se simulação;
- Etc.

A figura AII.4 apresenta a janela do @Risk que permite que o usuário escolha os parâmetros de simulação. Essa janela é apresentada ao usuário assim que o ícone é pressionado.

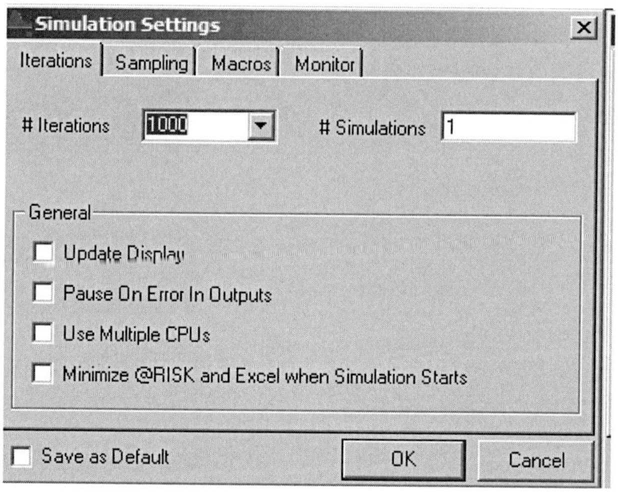

Figura AII.4

Na janela de definição dos parâmetros de simulação, selecione o número 1000 na opção "#Iterations", indicando que o @Risk deve gerar mil cenários para o modelo que acabamos de construir. Em seguida pressione o botão "OK".

Para fazer com que o @Risk execute as mil simulações, gerando os cenários correspondentes, pressione o botão , na barra de ferramentas do @Risk.

Durante processo de simulação o @Risk irá mostrar uma janela, similar àquela apresentada no figura AII.5, que permite que o usuário acompanhe o desenrolar do processo de simulação.

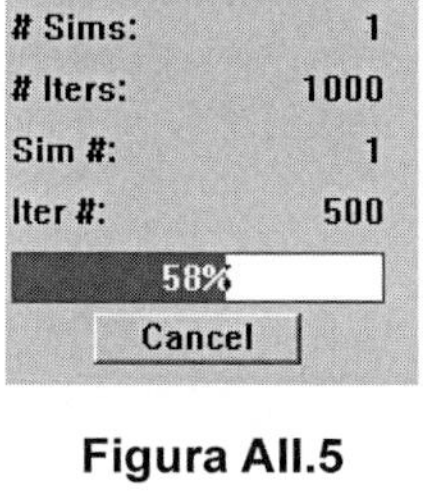

Figura AII.5

Analisando os resultados

Quando o processo de simulação termina, o @Risk mostra numa janela similar àquela apresentada na figura AII.6, o valor mínimo, máximo e médio de cada variável estocástica utilizada na construção do modelo.

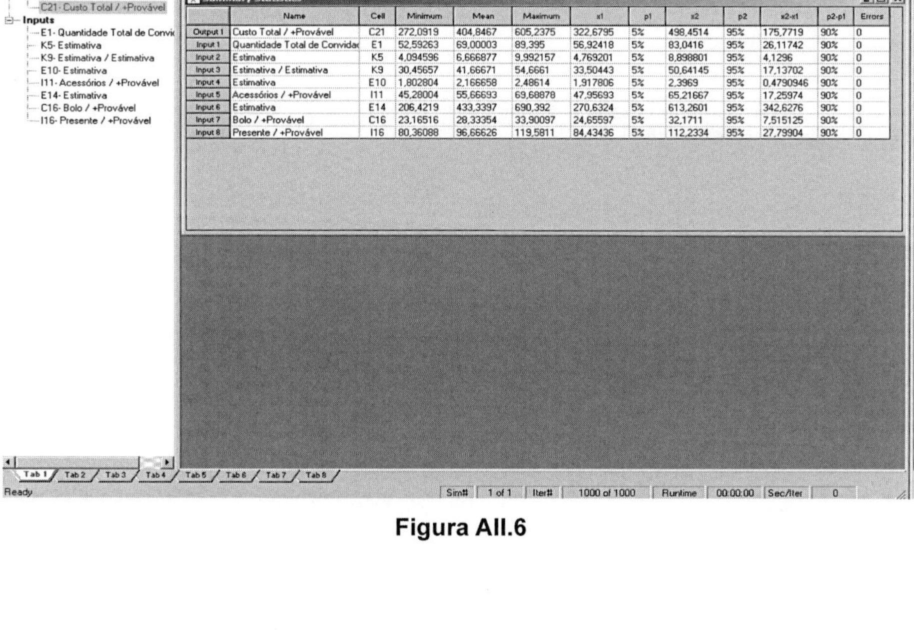

	Name	Cell	Minimum	Mean	Maximum	x1	p1	x2	p2	x2-x1	p2-p1	Errors
Output 1	Custo Total / +Provável	C21	272,0919	404,8467	605,2375	322,6795	5%	498,4514	95%	175,7719	90%	0
Input 1	Quantidade Total de Convidad	E1	52,59263	69,00003	89,395	56,92418	5%	83,0416	95%	26,11742	90%	0
Input 2	Estimativa	K5	4,094596	6,666877	9,992157	4,769201	5%	8,898801	95%	4,1296	90%	0
Input 3	Estimativa / Estimativa	K9	30,45657	41,66671	54,6661	33,50443	5%	50,64145	95%	17,13702	90%	0
Input 4	Estimativa	E10	1,802804	2,166658	2,48614	1,917806	5%	2,3969	95%	0,4790946	90%	0
Input 5	Acessórios / +Provável	I11	45,28004	55,66693	69,68878	47,95693	5%	65,21667	95%	17,25974	90%	0
Input 6	Estimativa	E14	206,4219	433,3397	690,392	270,6324	5%	613,2601	95%	342,6276	90%	0
Input 7	Bolo / +Provável	C16	23,16516	28,33354	33,90097	24,65597	5%	32,1711	95%	7,515125	90%	0
Input 8	Presente / +Provável	I16	80,36088	96,66626	119,5811	84,43436	5%	112,2334	95%	27,79904	90%	0

Figura AII.6

Para se obter o gráfico de probabilidade acumulada do custo total da festa surpresa, basta pressionar o botão na barra de ferramentas do @Risk e selecionar a opção "Ascending Cumulative – Line".

A figura AII.7 apresenta o gráfico de probabilidade acumulada do custo total da festa surpresa, isto é, dos valores da célula C21.

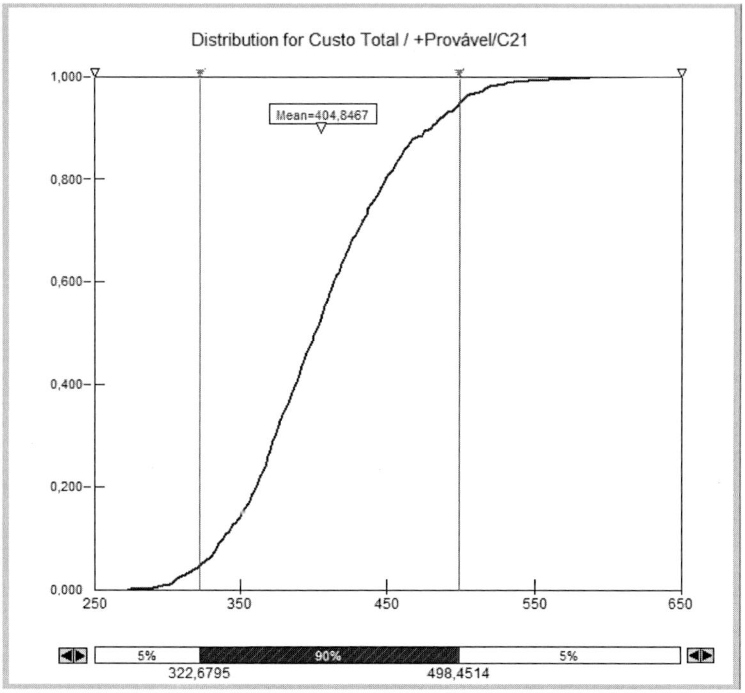

Figura AII.7

Para se obter a mesma informação propiciada pelo gráfico no formato de uma tabela, basta pressionar o botão na barra de ferramenta do @Risk. A tabela de valores fornecida pelo *software* é apresentada na figura AII.8.

Name	Custo Total / +Provável
Description	Output
Cell	C21
25% Perc	367,816
30% Perc	373,6214
35% Perc	380,2636
40% Perc	388,045
45% Perc	393,9767
50% Perc	400,8994
55% Perc	406,4423
60% Perc	413,1703
65% Perc	420,8235
70% Perc	429,9207
75% Perc	438,2133
80% Perc	447,6061
85% Perc	460,1529
90% Perc	478,5736
95% Perc	498,4514

Figura AII.8

Observe que o valor R$ 447,61 tem probabilidade estimada de 0,8 de não ser superado. Foi este justamente o valor que Suzana informou a seus colegas de trabalho como uma estimativa confiável para o custo total da festa de aniversário.

Apêndice

III. Como Usar o CoRisco

Roteiro de uso do CoRisco

CoRisco é um programa, escrito na linguagem Visual Basic, que executa automaticamente diversos dos passos mostrados, simplificando em muito o trabalho de geração de cenários e análise dos resultados.

Para usar o CoRisco, e gerar os seus próprios modelos de risco, você deve seguir o seguinte roteiro:

Passo 1 – Faça o download do arquivo CoRisco.xls, através do link http// equipe.nce.ufrj.br/eber/ para o disco de seu computador.

Passo 2 – Crie uma nova pasta de trabalho no arquivo CoRisco.xls, onde você vai colocar os dados do problema.

Passo 3 – Organize os dados do problema no formato mostrado na figura AIII.1.

	A	B	C	D	E	F	G
1	Custo de Construção	Tipo	P1	P2	P3	Cenários	
2	Variáveis	5					=soma(f3:f7)
3	Escavação	T	75	82,5	92,5		
4	Fundação	T	57,5	67,5	77,5		
5	Estrutura	T	430	445	472,5		
6	Telhado	T	140	145	157,5		
7	Acabamento	T	72,5	92,5	107,5		
8	Saídas	1					
9	Custo Total	G2					
10	Parâmetros						
11	Cenários	3000					
12	Col. Resultado	15					
13	Gráficos	S					

Figura AIII.1. Modelo de risco de custo

Passo 4 – Ative a macro CoRisco.

Para isso, pressione <ALT>+ <F8> e selecione CoRisco na caixa de seleção. Caso não seja encontrado nenhum erro na sua especificação, o CoRisco responde com: "Iniciando geração de três mil Cenários". Quando os cenários tiverem sido gerados e a análise concluída, o sistema responde com "Término da Geração" e mostra o gráfico de risco de custo do projeto.

Passo 5 – Analise os resultados.

Na coluna selecionada para os resultados, que é a coluna O (coluna 15), o CoRisco mostra cada um dos cenários gerados para a variável de saída. A figura AIII.2 mostra os dez primeiros cenários.

O	P
Cenário	Custo Total
1	844,2557
2	816,3529
3	826,5868
4	833,4015
5	855,2312
6	829,4594
7	836,9568
8	825,5038
9	851,0964
10	855,4451

Figura AIII.2. Dez primeiros cenários da simulação

Seis colunas à direita, como mostrado na figura AIII.3, o CoRisco escreve na planilha o resumo dos resultados encontrados. Estes mesmos dados são usados para construir o gráfico dos resultados (figura AIII.4).

T	U	V	W
Custo Total	**Frequência**	**Frequência Relativa**	**Frequência Cumulativa**
797,0	24	0,01	0,01
802,9	76	0,03	0,03
808,7	153	0,05	0,08
814,6	290	0,10	0,18
820,5	461	0,15	0,33
826,3	509	0,17	0,50
832,2	504	0,17	0,67

T	U	V	W
Custo Total	Frequência	Frequência Relativa	Frequência Cumulativa
838,1	364	0,12	0,79
843,9	305	0,10	0,90
849,8	179	0,06	0,96
855,7	90	0,03	0,99
861,5	31	0,01	1,00
867,4	6	0,00	1,00
873,3	3	0,00	1,00
879,1	0	0,00	1,00

Figura AIII.3. Resumo dos resultados da simulação

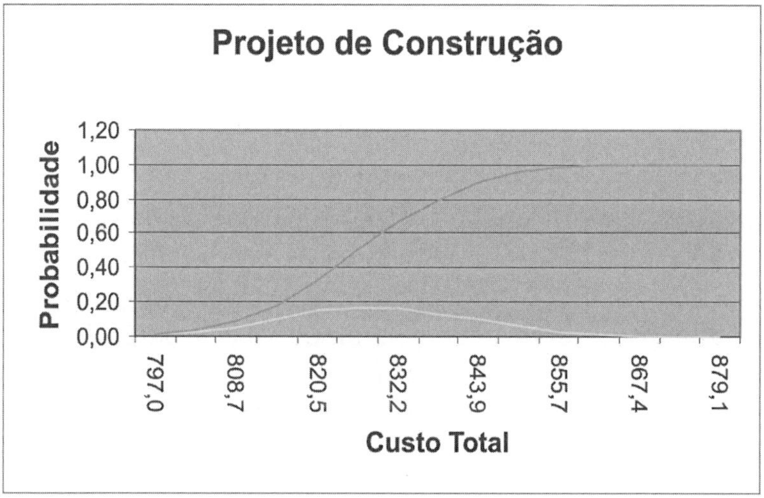

Figura AIII.4. Gráfico da distribuição em frequência para três mil cenários

Como preencher o modelo de risco

Vamos examinar o modelo de risco do projeto de construção (Figura AIII.1) linha a linha.

Linha 1: define o Nome do Modelo a ser usado nas legendas das tabelas e gráficos. O conteúdo da célula A1 define o nome do modelo. Este nome será utilizado como legenda nos gráficos gerados pelo CoRisco. O texto das células B1:F1 é opcional e não tem qualquer efeito na simulação.

Linha 2: define o número de variáveis de entrada do modelo. Neste caso célula B2 deve ser preenchida com o valor 5.

Linhas 3 a 7: definem as variáveis de entrada do modelo, isto é, as variáveis que terão seus valores sorteados na técnica Monte Carlo. Para isto, cada uma delas deve ser definida, especificando:

> **Coluna A:** o nome da variável
>
> **Coluna B:** o tipo da distribuição da variável, que pode ser T (triangular), B (Bernoulli), N (Normal), C (Uniforme) e U (Uniforme entre 0 e 1). Veja a Figura AIII.5 para um resumo das distribuições e seus respectivos parâmetros.
>
> **Colunas C, D, E:** parâmetros da distribuição.
>
> A distribuição tipo Triangular (T) requer três parâmetros p1, p2, p3 (p1≤p2≤p3). Estes valores devem ser colocados nas colunas C, D, E, respectivamente. Por exemplo, na linha 3, a variável Escavação segue uma distribuição Triangular com parâmetros: (75, 82.5, 92.5) correspondentes aos valores mínimo, mais provável e máximo do custo de Escavação.
>
> A distribuição Normal (N) requer dois parâmetros p1 p2 correspondentes à média e ao desvio padrão, que devem ser colocados nas colunas C e D.
>
> A distribuição tipo Bernoulli (B) requer apenas um parâmetro p1 (0≤p1≤1), que deve ser colocado na coluna C. No CoRisco, uma variável de Bernoullli é definida como uma variável aleatória que tem a probabilidade p1 de assumir o valor 1 e (1-p1) de assumir o valor 0.

Uma distribuição do tipo Contínua (C) gera valores, equiprováveis, correspondentes a uma distribuição uniforme na faixa Mínimo..Máximo. Estes valores devem ser preenchidos nas linhas C e D.

Uma distribuição do tipo Uniforme (U) gera valores equiprováveis correspondentes a uma distribuição uniforme na faixa 0..1.

Coluna F: coluna onde o CoRisco registra o valor sorteado da variável de entrada para cada cenário simulado.

Linha 8: define o número de variáveis de saída. Preencha a coluna B com o número de variáveis de saída. Neste caso é igual a 1.

Linha 9: define as variáveis de saída do modelo. No nosso exemplo temos somente uma variável que será definida na linha 9. A célula A9 contém o nome da variável (Custo Total). A célula B9 define a posição desta variável no formato A1 do Excel. Neste caso, a variável de saída se encontra na célula "G2". Esta célula contém a fórmula do modelo = SOMA(F3:F7).

Linha 10: tem apenas um rótulo, Parâmetros, indicando o início das linhas de parâmetros da simulação. Repetindo, a posição desta linha depende da quantidade de variáveis de saída do modelo. Se o modelo tivesse três variáveis de saída, este rótulo estaria na linha 12. A Figura AIII.6 mostra o exemplo de um modelo com três variáveis de saída.

Linha 11: na coluna B, você deve especificar o número de cenários a serem gerados. Neste caso, três mil.

Linha 12: localização dos resultados. A célula da coluna B define o número da coluna onde os resultados da simulação serão colocados. No nosso caso, a coluna escolhida é a 15 (correspondente à coluna O). Tenha cuidado ao escolher esta coluna de forma a não interferir com os dados do modelo sendo simulado.

Linha 13: ativa (S) ou desativa (N) a geração de gráficos pelo CoRisco.

Código	p1	p2	p3	Gera amostra de uma distribuição
T	mínimo	moda	máximo	Triangular com parâmetros (mínimo, mais provável e máximo)
B	P	-	-	Bernoulli com probabilidade p de sucesso
N	média	desvio	-	Normal com parâmetros (média e desvio padrão)
C	mínimo	máximo	-	Uniforme entre valores (mínimo e máximo)
U	-	-	-	Uniforme entre valores de 0..1

Figura AIII.5. Distribuições de probabilidade do CoRisco

Na coluna selecionada para os resultados, que é a coluna O (coluna 15), o sistema mostra cada um dos cenários gerados para a variável de saída. Seis colunas adiante, o CoRisco escreve na planilha o resumo dos resultados encontrados. Estes mesmos dados são usados para construir o gráfico dos resultados.

	A	B	C	D	E	F	G	H
1	Projeto de Construção							
2	Variáveis	5	Min	Mprov	Max	Sorteio	Custo Fase 1	=SOMA(F3:F4)
3	Escavação	Triang	75	82,5	92,5		Custo Fase 2	=SOMA(F5:F7)
4	Fundação	Triang	57,5	67,5	77,5		Custo Total	=SOMA(F3:F7)
5	Estrutura	Triang	430	445	472,5			
6	Telhado	Triang	140	145	157,5			
7	Acabamento	Triang	72,5	92,5	107,5			
8	Saídas	1						
9	Custo Fase 1	h2						
10	Custo Fase 2	h3						
11	Custo Total	h4						
12	Parâmetros							
13	Cenários	3000						
14	ColResult	15						
15	Gráficos	S						

Figura AIII.6. Modelo com três variáveis de saída

Últimos Lançamentos

Guia de Estudo para o Exame PMP

Maury Melo — *608 pp.* - R$ 169,00

Ensina a gerenciar e planejar de forma eficiente e eficaz seus projetos usando conceitos, ferramentas e técnicas apresentadas neste livro. Cobre desde a iniciação até a conclusão, descrevendo as melhores práticas para o cumprimento dos objetivos do projeto em relação a custo, prazo e escopo. Ao final de cada capítulo há uma série de exercícios resolvidos.

PMO – Escritórios de Projetos, Programas e Portfólio na prática

André Barcaui (org.) — *720 pp.* - R$ 189,00

Este livro deixa claro a importância do PMO como um integrador de pessoas, processos e negócios que acaba por influenciar diretamente a maturidade em gerenciamento de projetos da organização e, consequentemente, a performance de seus projetos. Revisitando o que há de mais recente na literatura científica, esta obra inova ao compilar artigos inéditos, com base na experiência consultiva e acadêmica de seus autores.

Não atenda clientes, atenda pessoas

Marcinéia Oliveira — 216 pp. - R$57,00

'Não atenda clientes, atenda pessoas' é mais do que uma tentativa de chamar a atenção do leitor para o fenômeno da robotização do atendimento ao cliente. É uma lição para profissionais de qualquer segmento de atuação que ensina técnicas para resolver diferentes reclamações e para solucionar conflitos em equipe. A autora tenta descobrir, com isso, o que os profissionais bem-sucedidos em atender seus clientes têm feito para atingir o êxito.

Gestão de Mudanças – O Fator Humano na Liderança de Projetos

Vicente Gonçalves / Carla Campos — *136 pp. - R$ 57,00*

O tema Gestão de Mudanças é amplo e aplica-se a toda sorte de mudanças organizacionais. Neste livro os autores fornecem uma referência para a gestão das atividades essenciais do fator humano em projetos de mudanças, sem ter a pretensão de serem exaustivos no tema.

40+8 Ferramentas e Técnicas de Gerenciamento (4ª edição)

Merhi Daychoum *392 pp. - R$ 83,00*

Este livro aborda de forma clara e objetiva Ferramentas e Técnicas de aplicabilidade comprovada para o apoio e a melhoria do Gerenciamento. Nesta quarta edição foram incluídas quatro novas ferramentas: Fluxograma, Matriz PQCE, Plano de Gerenciamento de Crises e Curva "S" de Escopo. Também foi feita uma revisão com inclusão de novas informações em quatro outras ferramentas: Benchmarking, Cronograma Físico, Curva "S" de Custos e WBS – Work Breakdown Structure.

Implantação de um Governo eletrônico e-Gov

Marcelo de Sousa Silva *112 pp. - R$ 57,00*

(Coleção e-gov novos conceitos)

Este livro trata das linhas básicas para o desenvolvimento de um sistema universal GED (Gerenciamento Eletrônico de Documento) e workflow (fluxo de trabalho), podendo ser implantado nos 5.565 municípios, 27 estados e 37 ministérios federais, um feito capaz de reinventar a forma de interação do Estado com a sociedade através de um governo eletrônico.

Certificação CAPM

Carlos Augusto Freitas 184 pp. - R$ 55,00

Este é o primeiro livro em português específico para times de projetos com ênfase na preparação para o exame de certificação CAPM® do PMI®. Recheado de dicas, o livro é indicado para estudantes, profissionais e futuros gerentes de projetos que estejam se preparando pra o exame de certificação CAPM®. Inclui apêndice com dinâmica para fixar o conteúdo e simulado com questões similares ao exame de certificação CAPM®.

Metodologia Simplificada de Gerenciamento de Projetos – Basic Methodware®

Carlos Magno da Silva Xavier / Luiz Fernando da Silva Xavier *200 pp. - R$ 69,00*

(Série Gerenciamento de Projetos sem Complicação)

Pensando nos projetos menos complexos é que desenvolvemos a Basic Methodware®, uma abordagem prática e simplificada de como iniciar, planejar, executar, monitorar, controlar e encerrar projetos. Esperamos que, com a metodologia descrita neste livro, os seus projetos possam ser gerenciados sem engessamento ou burocracia.

Gerenciamento de Portfólio

Norberto de Oliveira Almeida *204 pp. - R$ 55,00*

Este livro é para quem deseja alavancar os resultados obtidos com o gerenciamento de portfólio nas suas empresas e elevar o grau de conhecimento no assunto. Enriquecido com os resultados da pesquisa realizada com dezenas de respondentes de empresas de diversos setores de atividade, fornece ao leitor a oportunidade de analisar dados qualitativos importantes para a tomada de decisão.

Gerenciamento de Projetos através da extraordinária expedição de Shackleton à Antártida

Sergio Luiz Marques Filho *124 pp. - R$ 49,00*

Existem livros que abordam os aspectos de liderança de Shackleton, mas aqui, além de liderança, o leitor entenderá como Shackleton gerenciava os riscos da expedição, como a comunicação com as partes interessadas era tratada, como a qualidade influenciava a expedição, como lidava com os recursos humanos, qual o planejamento de custos e o cronograma da expedição, entre outros assuntos relacionados a Gerenciamento de Projetos.

Gerenciamento de Projetos para a Construção Civil

Maury Melo *522 pp. - R$ 148,00*

Visando a colaborar com os profissionais da construção civil na gestão de seus empreendimentos, este livro aborda a teoria e a prática em gerenciamento de projetos de acordo com os padrões do Guia do Conjunto de Conhecimentos em Gerenciamento de Projetos – PMBOK® 4ª Edição. Acompanha o livro um CD-ROM com vários arquivos de apoio, inclusive versão completa do MS Project 2007 válida para utilização por 60 dias.

Gerenciando Projetos com PMI, RUP e UML 5ª edição

José Carlos Cordeiro Martins *316pp. - R$ 85,00*

Este livro propõe a combinação de duas conhecidas metodologias de gerenciamento de projetos: o RUP e a abordagem do PMI. Nesta quinta edição a obra foi revisada segundo a quarta edição do PMBOK, principalmente a Parte I, sobre Gestão de Projetos. As demais partes sofreram pequenas correções e ajustes, seguindo propostas e críticas de leitores.

Gestão Pública

Margareth Fabíola dos Santos Carneiro *440 pp. - R$ 110,00*

Formato: 21 x 28

Esta obra é indispensável aos profissionais do setor público, mas também é uma referência atual e relevante para profissionais da iniciativa privada e do terceiro setor, bem como para os estudantes de pós-graduação de projetos ou administração. Os casos apresentados estão restritos a três países das Américas: Brasil, Canadá e Uruguai. Conta com a participação de pessoas envolvidas com o PMI GovSIG e com profissionais que fazem parte do grupo brasileiro de PMO no setor público.

Assim Nasce uma Empresa

Vicente Sevilha Júnior *290 pp. - R$ 59,00*

Neste livro envolvente, o autor apresenta a história de três pessoas que se veem diante da oportunidade de abrir sua própria empresa e, no desenrolar da trama, apresenta as pesquisas que fizeram para basear a decisão que tomarão. Esta obra é destinada a empresários, empreendedores, administradores, contadores e todos os que, de alguma forma, participam ou pretendem participar das atividades de gestão de uma empresa.

Aprimorando Competências de Gerente de Projetos – Vol. 1: O Sucesso no Desempenho Gerencial

Lélio Varella / Graciele Moura / Cirléa Aniceto *236 pp. - R$ 69,00*

(Série Aprimorando Competências)

A obra está dividida em dois volumes, totalmente compatível com os padrões do PMI para a Certificação PMP. Neste volume 1 tratamos do aprimoramento das Competências de Atuação Gerencial. Nele você encontra um roteiro detalhado de tudo o que precisa fazer para gerenciar um projeto – todas as fases, atividades e resultados gerenciais que devem ser cumpridos para alcançar o alto nível de desempenho de um Gerente Competente.

Coaching – Caminhos para transformação da carreira e da vida pessoal

Anna Zaharov *196 pp. - R$ 49,00*

Este livro é para quem deseja alavancar sua carreira com reflexos positivos também na vida pessoal. Construir os caminhos que irão transformar sua carreira e sua vida pessoal é o desafio proposto nesta obra, que aborda temas complexos da vida profissional e do comportamento humano de forma prática, funcional e realista. Enriquecido com casos reais e resultados que prosperaram, fornece ao leitor estratégias e estímulos para a criação de suas próprias respostas

Qualidade – Fundamentos e Práticas

Marco Antonio Lucinda *180 pp. - R$ 48,00*

Atualmente as organizações tanto públicas como privadas buscam uma nova postura gerencial na qual o foco é o cliente. A sociedade cada vez mais pressiona as organizações para que ofereçam seus produtos e serviços com elevados padrões de qualidade. Este livro procura apresentar de forma simples e didática os fundamentos e aspectos práticos das principais ferramentas e técnicas utilizadas pelas organizações para a melhoria de sua performance e competitividade.

Experiências em Gestão de Projetos – Diário de Bordo

Alfredo José Lopes

216 pp. *R$ 59,00*

No livro o autor apresenta dicas relacionadas a metodologia de projeto, estratégias de comunicação, discussões sobre aspectos de governança, gestão de equipe e vários tópicos práticos tais como lidar com consultores, reuniões de projeto, gestão de riscos, processos de "escalation", "Issues Log" etc. Pode ser utilizado como material de referência para tomada de decisão.

Impressão e acabamento
psi7 | BOOK7

Química Orgânica I Para Leigos®

Folha de Cola

Tabela Periódica dos Elementos

1 H Hidrogênio 1.00797																	2 He Hélio 4.0026
3 Li Lítio 6.939	4 Be Berílio 9.0122											5 B Boro 10.811	6 C Carbono 12.01115	7 N Nitrogênio 14.0067	8 O Oxigênio 15.9994	9 F Flúor 18.9984	10 Ne Neônio 20.183
11 Na Sódio 22.9898	12 Mg Magnésio 24.312											13 Al Alumínio 26.9815	14 Si Silício 28.086	15 P Fósforo 30.9738	16 S Enxofre 32.064	17 Cl Cloro 35.453	18 Ar Argônio 39.948
19 K Potássio 39.102	20 Ca Cálcio 40.08	21 Sc Escândio 44.956	22 Ti Titânio 47.90	23 V Vanádio 50.942	24 Cr Cromo 51.996	25 Mn Manganês 54.9380	26 Fe Ferro 55.847	27 Co Cobalto 58.9332	28 Ni Níquel 58.71	29 Cu Cobre 63.546	30 Zn Zinco 65.37	31 Ga Gálio 69.72	32 Ge Germânio 72.59	33 As Arsênio 74.9216	34 Se Selênio 78.96	35 Br Bromo 79.904	36 Kr Criptônio 83.80
37 Rb Rubídio 85.47	38 Sr Estrôncio 87.62	39 Y Ítrio 88.905	40 Zr Zircônio 91.22	41 Nb Nióbio 92.906	42 Mo Molibdênio 95.94	43 Tc Tecnécio (99)	44 Ru Rutênio 101.07	45 Rh Ródio 102.905	46 Pd Paládio 106.4	47 Ag Prata 107.868	48 Cd Cádmio 112.40	49 In Índio 114.82	50 Sn Estanho 118.69	51 Sb Antimônio 121.75	52 Te Telúrio 127.60	53 I Iodo 126.9044	54 Xe Xenônio 131.30
55 Cs Césio 132.905	56 Ba Bário 137.34	57 La Lantânio 138.91	72 Hf Háfnio 179.49	73 Ta Tântalo 180.948	74 W Tungstênio 183.85	75 Re Rênio 186.2	76 Os Ósmio 190.2	77 Ir Irídio 192.2	78 Pt Platina 195.09	79 Au Ouro 196.967	80 Hg Mercúrio 200.59	81 Tl Tálio 204.37	82 Pb Chumbo 207.19	83 Bi Bismuto 208.980	84 Po Polônio (210)	85 At Astato (210)	86 Rn Radônio (222)
87 Fr Frâncio (223)	88 Ra Rádio (226)	89 Ac Actínio (227)	104 Rf Rutherfórdio (261)	105 Db Dúbnio (262)	106 Sg Seabórgio (266)	107 Bh Bóhrio (264)	108 Hs Hássio (269)	109 Mt Meitnério (268)	110 Uun Ununílio (269)	111 Uuu Unumúnio (272)	112 Uub Unúnbio (277)	113 Uut §	114 Uuq Ununquádio (285)	115 Uup §	116 Uuh Ununhéxio (289)	117 Uus §	118 Uuo Ununóctio (293)

Série dos Lantanídeos	58 Ce Cério 140.12	59 Pr Praseodímio 140.907	60 Nd Neodímio 144.24	61 Pm Promécio (145)	62 Sm Samário 150.35	63 Eu Európio 151.96	64 Gd Gadolínio 157.25	65 Tb Térbio 158.924	66 Dy Disprósio 162.50	67 Ho Hólmio 164.930	68 Er Érbio 167.26	69 Tm Túlio 168.934	70 Yb Itérbio 173.04	71 Lu Lutécio 174.97
Série dos Actinídeos	90 Th Tório 232.038	91 Pa Protactínio (231)	92 U Urânio 238.03	93 Np Netúnio (237)	94 Pu Plutônio (242)	95 Am Amerício (243)	96 Cm Cúrio (247)	97 Bk Berquélio (247)	98 Cf Califórnio (251)	99 Es Einstênio (254)	100 Fm Férmio (257)	101 Md Mendelévio (258)	102 No Nobélio (259)	103 Lr Laurêncio (260)

§ Nota: os elementos 113, 115 e 117 ainda não são conhecidos, mas estão inseridos na tabela mostrando sua suposta posição.

Química Orgânica I Para Leigos®

Folha de Cola

Grupos Funcionais Comuns

Aqui está uma lista dos grupos funcionais mais comuns encontrados na química orgânica

Álcoois R—OH

Aldeídos

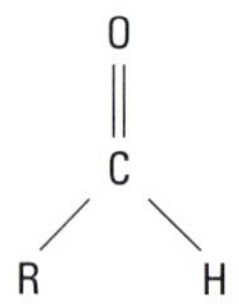

Alcenos

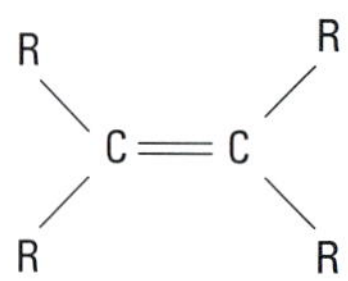

Alcinos R—C≡C—R

Amidas

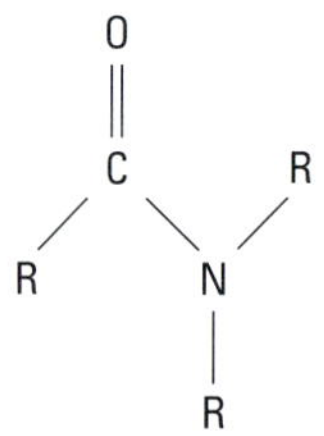

Aminas

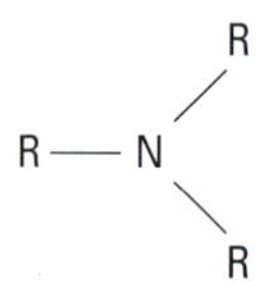

Aromáticos

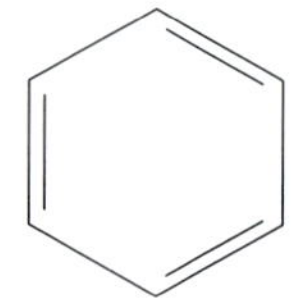

Ácidos Carboxílicos

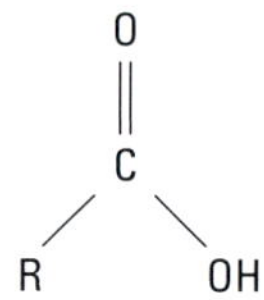

Ésteres

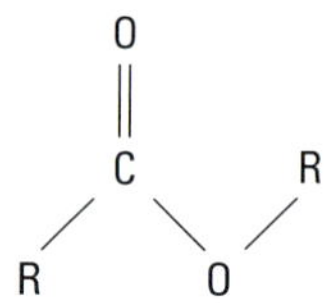

Éteres R—O—R

Cetonas

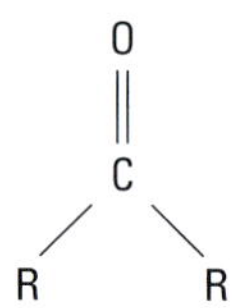

Nitrilas R—C≡N

Tióis R—SH

Rua Viúva Cláudio, 291 – Bairro Industrial do Jacaré
Rio de Janeiro – RJ – CEP: 20970-031
Tels.: 21 - 3278-8069/8419
E-mail: altabooks@altabooks.com.br
Site: www.altabooks.com.br

Para Leigos: a série de livros para iniciantes que mais vende no mundo